AN OVERVIEW OF
THE COURTYARDS IN
BEIJING

京名片丛书

院落 北京

甫玉龙 主 编
刘 峰 付雅娟 副主编

中国财经出版传媒集团
经济科学出版社
Economic Science Press

图书在版编目（CIP）数据

院落北京/甫玉龙主编. —北京：经济科学出版社，2018.12
（京名片丛书）
ISBN 978-7-5218-0079-1

Ⅰ.①院⋯　Ⅱ.①甫⋯　Ⅲ.①城市史-研究-北京　Ⅳ.①K291

中国版本图书馆CIP数据核字（2018）第299043号

责任编辑：白留杰　侯晓霞
责任校对：曹育伟
装帧设计：陈宇琰
责任印制：李　鹏

院落北京

甫玉龙　主　编
刘　峰　付雅娟　副主编

经济科学出版社出版、发行　新华书店经销
社址：北京市海淀区阜成路甲28号　邮编：100142
教材分社电话：010-88191345　营销中心电话：010-88191522
网址：www.esp.com.cn
电子邮件：houxiaoxia@esp.com.cn
天猫网店：经济科学出版社旗舰店
网址：http://jjkxcbs.tmall.com
北京鑫海金澳胶印有限公司印装
710×1000毫米　16开　11.75印张　150 000字
2019年1月第1版　2019年1月北京第1次印刷
ISBN 978-7-5218-0079-1　定价：38.00元
(图书出现印装问题，本社负责调换。电话：010-88191510)
（版权所有　侵权必究　举报热线：010-88191586
电子邮件：dbts@esp.com.cn）

丛书编委会

主　　任：甫玉龙

副 主 任：李建平

执行主任：唐帼丽

委　　员（按姓氏笔画排序）

马建农　王兰顺　王岗　王玲

王彬　付雅娟　包树望　朱永杰

刘峰　李建平　李玲　甫玉龙

张懿奕　孟远　胡汉生　姚安

柴俊丽　高大伟　郭豹　唐帼丽

崔伟奇　谭烈飞

京名片丛书

序言

  题为《京名片》的系列丛书，是北京化工大学国家大学生文化素质教育基地推出的北京历史文化教育书籍。这套丛书由《初识北京》《古都北京》《博物北京》《山水北京》《院落北京》等5部书籍组成，从古都的时代性和历史性、"没有围墙的北京博物馆"的大博物馆性、作为五朝古都的山水形胜之要的历史地理性以及古都北京城市立体布局的儒家礼制文化性等多个角度切入，深入反映北京历史的人文性和文化精神，反映北京历史文化的融合性和包容性特征，诠释北京历史文化的核心价值。

  从北京看中华。北京历史文化的融合与包容特征是中华文化内涵的根本性和凝练性反映；中华文化的本质是融合与包容。北京在作为五朝古都的漫长历史中，每一时段，都记载下多民族之间的文化冲突、冲撞、沟通、交流直至融解、融合的过程，记载下沿两河流域（黄河与长江流域）形成的中华文化精神在民族文化对立过程中的化解冲突和对立的"仁""义"精神与智慧。融合与包容需要"仁"与"义"的支持，需要这种具有强大儒家思想力的濡养。"仁"与"义"的本质与核心价值是"为民"；自古以来，儒家倡导"为民"思想，站在庶民的立场上，以关爱天下苍生的情怀推己及人，"为天地立心，为生民立命，为往圣继绝学，为万世开太平",将民之大义视为崇高精神和崇高价值观。"崇德广业";崇高而具大智慧;融合与包容则利民族团结、天下安宁、息养苍生。中华民族在其5000年民族发展史中,蓄积了以"为民"大义为要的融合与包容的文化精神内核。

认识北京历史应当有正确的历史观。北京是五朝古都,北京的历史写满了帝王统治的历史。对当代人来说,我们想在这部都城历史中,发现儒家的"为民"思想与封建帝王政治的关系,发现封建帝王统治与庶民生存的关系。自古王为民之主,故"伊尹相汤,以王于天下"。但王有圣王和霸王之别,孟子作"王霸"辩说时,就劝说君王要做关心天下民生的圣王而不做屠戮民众的霸主。王者往也。《谷梁传》曰:"王者,仁义归往曰王,以其身有仁术,众所归往曰王。"做统治天下、爱护人民的圣王,是孔子儒家对统治者赋予的政治理想。理想终归是理想,在五朝古都的文化反映中,儒家思想成为维护封建礼制秩序的正统思想。一方面,儒家思想影响和制约了帝王政治,另一方面,也被统治者用作维护统治利益的工具。

古都北京城的中心是紫禁宫城。依照周礼制度,王城建造以宫城为核心;城市中一切城池车轨、宅邸街巷、园囿观庙等建制均以礼制规定为准。作为时代和历史的标志,古都的遗迹保留下来,宫城和帝都的城墙,城市的道路和桥梁,皇家林苑和庙宇道观,以牌楼为区划标志的巷道、街市,王朝行政的治府以及各类人居住的宅院。一座都城以它的城市功能承载着统治者的政治统治、政治抱负及其政治活动。历史上的王者,有与民为善者,也有与民对立者,其抱负不一,政治活动也大相径庭。但遗迹就是遗迹。从一座遗城的断壁残垣、废池乔木以及绵延涌流的泉渠来看,在北京古都的统治关系中,书写的不是庶民的历史,而是庶民作为被统治对象的历史。

但是北京历史依然留下了历史文化精神。面对这座布满历史遗迹的五朝古都，我们不得不叹问：紫禁城为何有如此雄浑之气？由东而至的玉河如何贯通北京的水系？九门城墙如何成为卫护北京的屏障？北海中的高耸的白塔如何成为多元文化交融的象征？这就是北京：一块旧墙砖就是一段历史，一座紫禁城的午门就是一部政治学，一条中轴线就是一部中国哲学。不论是走到北京四合院大门的抱鼓石旁，还是伫立在天安门的金水桥前，我们感受到的，不单单是这座帝都的存在，还是那些缱绻在历史遗迹之中的中国人的坚韧精神、达观态度以及和于天地的宇宙自然观；北京的砖石、草木、山水，北京的一切遗迹的存在，都仿佛让我们看到了超越于北京历史存在之上的人文思想和文化精神。

真正的北京历史是其历史人文所在。但是我们想要诠释的北京历史人文不是帝王统治下统治阶级利益和阶级压迫的人文，而是反映人民存在和人民智慧的人文。明代哲学家王阳明说："孟子云：'学问之道无他，求其放心而已矣。'非若后世广记博诵古人之言词，以为好古，而汲汲然惟求功名利达之具于其外者也。"儒家讲的是一个心和一个立场，一个人的心在哪里立场就在哪里。孔子儒家倡导以"为民"之心做"天下为公"之事，意正心诚，求"其放心"，则为从政本源。我们也想依着孔子儒家的心和立场做北京历史人文精神的发掘与传播；不为写这座帝都而写帝都，而为写帝都形成和发展过程中儒家思想和中华文化根脉的深刻影响作用，写帝都中帝王统治下的庶民生活态度和人生审美，写在儒家"为民"思想影响下为政的与民宽缓、政宽人和，写近现代历史沧桑变迁、五朝古都变换为当代中国人民做主人的中华人民共和国的首都。我们在编写立意上要贴着历史的人民性思考历史、反映历史，诠释历史人文和历史文化精神。

《京名片》系列丛书是面向社会公众的素质教育丛书。习近平总书记指出，历史文化是城市的灵魂，要像爱惜自己的生命一样保护好城市的历史文化遗产。北京是世界著名古都，丰富的历史文化遗产是一张金名片，传承保护好这份宝贵的历史文化遗产是首都的职责。北京化工大学地处首都北京，具有教育的地缘优势，我们可以利用好北京的历史文化遗产，利用好这张"金名片"，讲好北京故事，做好关于北京历史人文和文化精神传播的素质教育工作。

北京化工大学国家大学生文化素质教育基地

2019年1月1日

AN OVERVIEW OF THE COURTYARDS IN BEIJING

目录

001 井田制与北京城 / 王 彬

023 北京老城、胡同与四合院 / 李建平

059 北京四合院的绿植 / 谭烈飞

091 北京琉璃厂文化街与文化名人轶事 / 马建农

125 北京公园忆往 / 高大伟

155 破解朝内81号『鬼宅』之谜 / 王兰顺

175 后记

/ 王 彬

井田制与北京城

北京作为我国的历史名城，至今已有3000多年历史了。作为都城的历史也有800多年了。3000多年的历史要从董家林说起。董家林是一个小村子，位于北京市房山区琉璃河镇，而说到董家林，就要从武王伐纣说起。

一 北京的建城史和建都史

周武王十一年，武王伐纣。

中国的纪年始于周共和元年，那一年是公元前 841 年，既然有了这个始点，由此推算便可以了。然而，在武王与共和之间，纪年断裂难以衔接。为此，我国的天文学家便从天象的角度进行推断。

《淮南子·兵略训》中有这样的记载：

> 武王伐纣，东面而迎岁……彗星出，而授殷人其柄。

这段话的意思是说，周武王讨伐商纣王时，夜空出现了岁星。岁星在东方，即殷人所在的方向出现。同时又出现了彗星，犹如一把利剑，剑锋对着武王。剑柄对着纣王，仿佛上天把剑授予纣王而向武王刺去。武王从河南孟津（今孟津县，洛阳市管辖）出发，向朝歌（今河南淇县，属鹤壁市管辖，有纣王墓、妲己墓）进军，方向是从西向东，纣王是从朝歌出发抵抗，方向是从东向西。"彗星出，而授殷人其柄"，天象显然对武王不利。

岁星就是木星，因为木星每 12 个月运行一次，所以古人称木星为岁星或太岁，而太岁与灾难相伴。根据木星出现的时间，1978 年，南京紫金山天文台台长张钰哲推算，此时出现的彗星就是哈雷彗星。哈雷彗星走到近日点时，木星黄经是 127.2°，正当鹑火之次，与《国语·周语》记载的"武王伐殷，岁在鹑火"正相吻合，这一年应该是公元前 1057 年。

彗星是一种星际物质，主要成分是冰冻的物质与尘埃，天文学家描述它是："一堆脏冰"或者"一个脏雪球"。彗星围绕太阳公转，太阳的热力使彗星里面的物质蒸发，在冰核周围形成朦胧的彗发和一条稀薄的彗尾。彗星的英文名称是 comet，源于希腊文，意思是尾巴或毛发。而中文的"彗"字，则是扫帚的意思。在民间，彗星俗称"扫帚星"，被认为是一种不吉之星，詈骂女人是扫帚星也是这个意思。总之，彗星出现不是好现象，往往伴随灾难与战争。

彗星分周期与非周期两种。周期彗星定期、有规律地出现，哈雷彗星属于周期彗星，每隔 76 年回归一次。这颗彗星在西方，于 1705 年由英国的天文学家哈雷发现，故而以其命名。

周武王讨伐商纣王的时间是公元前 1057 年，而英国的哈雷发现彗星是在公元 1705 年，二者相差 2762 年。

那一年，武王率领军队从孟津出发，被两位老人——伯夷与叔齐拦住。这两个人，据《史记·伯夷列传》记载，是孤竹国（今河北卢龙县一带）国君的儿子，伯夷是大哥，叔齐是三弟。"父欲立叔齐，及父卒，叔齐让伯夷。"理由是伯夷"贤"，但伯夷不答应，对叔齐说："让你继承大位，是父亲的旨意，我不能够违背他的遗愿。"于是离开了孤竹国。听说哥哥走了，叔齐也离开了孤竹国。在路上，兄弟二人商议去什么地方，听说西伯（即周文王）善待老人，于是去投奔他。但是，刚到西伯境内，西伯却过世了。只看到西伯的牌位，被他的儿子武王放在车上拉着跑，与军队一起去讨伐纣王。看到这样情景，伯夷与叔齐拉住武王的马斥责道："父死不葬，爰及干戈，可谓孝乎？以臣弑君，可谓仁乎？"听到这样的话，武王的士兵准备用兵器驱赶他们。这时，姜太公走过来对武王说，不要这样："此义人也。"让士兵把他们架走了。这就是著名的"扣马而谏"的历史故事。

在这一年，武王与纣王在牧野（今河南鹤壁市淇县南）决战，纣王的人马虽然众多，但却皆怀二心，"欲武王亟入""皆倒兵以战"，也就是今天所说的临阵倒戈。纣王打了败仗，跑上鹿台，把珠宝玉石堆在身边自焚而死。武王打了胜仗。《史记·周本纪》曰：

天下定，乃"封功臣谋士，而师尚父（老师一样尊敬的父辈，即姜子牙）为首封，封尚父于营丘（今临淄市一带），曰齐。封弟周公旦于曲阜，曰鲁。封召公奭（shì）于燕。"

燕的国都便在现今北京市的董家林村。

召公奭被分封的时间呢？《礼记·乐记》有这样一段记载："武王克殷反商，未及下车，而封黄帝之后于蓟。"这一年是公元前1057年。

召公奭是西周初年著名的政治家，是周公旦的兄弟。武王去世以后，周公旦辅佐武王的儿子成王，"成王既幼，周公摄政"。因为成王年幼不能理政，所以由周公代理国事。召公怀疑周公有不臣之心——不是做臣子的心，质疑周公。周公向他剖白心迹，召公这才释疑。

召公奭是一个为国家办事没有私心的人，有一次"巡行乡邑"，坐在一株棠梨树下处理讼狱之事，"自侯伯至庶人各得其所，无失职者。"断案很公正。召公奭去世以后，百姓怀念他，怀棠树而不敢伐，作了一首诗，收于《诗经》"召南"之中，题曰《甘棠》：

蔽芾甘棠，勿剪勿伐，召伯所茇。
蔽芾甘棠，勿剪勿败，召伯所憩。
蔽芾甘棠，勿剪勿拜，召伯所说。

芾，是一个多音多义字，读 fèi（费）时，意思是指枝叶幼小。读 fú（福）时，则指枝叶茂盛，芾又和黻相通。黻，指青黑相间的花纹；甘棠，棠梨树，果皮褐色；茇（bá），在草间住宿；败，毁掉；拜，掰开；说，读税，指休息。这首诗的大意是：

枝叶幼小的甘棠树，不剪不砍莫动它，召伯曾在树下停留。
枝叶幼小的甘棠树，不剪不劈莫损它，召伯曾在树下休憩。
枝叶幼小的甘棠树，不剪不拔莫害它，召伯曾在树下安歇。

1959 年春，首都钢铁公司筹建耐火材料厂，在董家林选择厂址，发现了燕国都城遗址，在附近黄土坡村的大墓里发掘出铸有"匽侯"铭文的青铜器，专家由此判定这里便是北京的建城之始。

"匽"后来写作"燕",二者在古代是通假字。

1995年在这里建立了"西周燕都遗址博物馆",是考察北京建城历史的重要基地。

从公元前1057年,武王分封召公奭于燕,在此营造国都,北京的建城史至今已有三千多年了。

二 井田制的思想和王城建设理念

历史上，我国的城市规划与井田制密切相关。专家考证，井田制在中国原始社会末期已然出现，发展到西周时期成为定制。《孟子·滕文公》（上）记载：

方里而井，井九百亩，其中为公田。八家皆私百亩，同养公田。公事毕，然后敢治私事。

大意是，一平方里的土地是一井。井是正方形的，有九百亩，划为九等份，每一份是一百亩。中间的一份是公田，由领主使用；其余八份是私田，归农民使用。每一户农民拥有一百亩土地，八户农民便拥有八百亩土地。无论公田还是私田，所有权都是领主的。虽然称为私田，对农民而言其实只有使用权，而没有所有权。

按照当时的经济制度，八户农民首先要耕种公田，之后才能耕种自己的土地，也就是私田。《诗经·小雅·大田》中：

有渰（yǎn）萋萋（浓云兴起），兴雨祁祁（大雨滂沱），雨我公田，遂及我私。

"遂"在这里是指细小的沟渠，期盼大雨先落在公田里，之后通过小沟渠流到私田里，对农民而言，这当然是被迫而痛苦的，在干旱的日子里，哪一个农民不希望大雨先落在自己的土地上？《诗经》中的这首诗，便是那个时代的经济制度在诗歌中的曲折反映。

如果在一百亩的土地上划出九份，那么表现在汉字上，必然是"井"字的形状。这样的土地制度被表述为井田制。

这种把土地规划为九等份的制度，反映在疆域的认知上，便是将天下分为九州：梁、雍、冀、兖、青、徐、扬、荆、豫。反映于首都的城市建设，则是"九分其国，以为九分，九卿治之"的思想。"国"，指周天子的王城，相当于今之首都。天子所居的一份为宫城（隋文帝时，在宫城外面加筑皇城），居于城市之中。把宫城设在王城中央，是出于择中而立的思想。荀子说："王者必居天下之中"，用以表现王者之尊。

庶民等人所居的八份为"里"或"市"，环绕在宫城四周。这样的划分必然呈现井字形状。《考工记》认为，王城应该是这样布局：

方九里，旁三门，国中九经九纬，经涂九轨。左祖右社，前朝后市。

"国"指王城;"方九里"的"方"指一边或者一面,如果一面城垣是九里,那么方九里即八十一平方周里,周朝的一里折合今天的 693 米,八十一平方周里约 39 平方公里,这样的城市在当时应该是超级大城了。"旁三门"指每面城垣开辟三座城门,在城门之下构筑道路。"九经九纬"中的"经"指南北之路,"纬"指东西之路。每一条道路辟为三幅,中间是行车的主路,两侧是走人的辅路。这样,王城之内便有三条南北干道与三条东西干道。由于每条道路都是三幅,因此也可以说是九条南北干道与九条东西干道。其中,第二条处于城市的中间位置,是城市的中轴线。宫城居于王城之中,自然处在中轴线上。而其他四条道路则恰好把王城分为九部分,从而体现出井田制运用于王城建设的基本原则。经涂九轨:经涂,王城内的干道;九轨,轨是车轮的宽度,一轨古制八尺,周代的一尺是 0.231 米,九轨就是 72 尺,即今 16.63 米。"朝":百官聚会的地方,位于宫城前面。"市":百姓做买卖的地方,位于宫城后面。"左祖右社":"祖",即宗庙,供奉皇帝祖先的地方,位于宫城左侧;"社",土地。"稷",谷子。供奉土地与谷神的地方,位于宫城右侧。在中国传统文化中,左为上,把祖庙放在宫城的左侧,是封建时代家天下文化深层的核心内涵。

张驭寰先生 1960 年 3 月曾经对洛阳的东周王城进行勘察,在他所著的《中国城池史》中记载当时的情况:

> 全城基本为方形。全城四面各开三个城门,共计十二个城门……城内还有东西、南北道路各九条……王宫修建在中央大道上,左有宗庙,右有社稷坛,前面是朝会诸臣诸侯的各种殿宇,

后部则是商业市场。

王城理念，或者说，井田制的思想，不仅运用于当时的王城建设，而且为后世所继承。北宋时期的首都开封是这样，金朝的中都模仿北宋的开封也是这样，元代的大都也是如此。

三　北京城的城门与道路理念

元代大都基本是正方形的，皇城择中而立：前置外朝，后置市场；左侧立宗庙（今朝阳门内，明代为延福宫所在地，尚有遗存），右侧立社稷坛（今白塔寺后身，明代为朝天宫所在之地，现为居民区）。但是，大都的布局又难免受到设计者的思想与环境影响而有所变通。

变通之一

由于什刹海（其时称海子）大面积水域的存在，宫城虽然处于南北的中轴线上，但不是处于城市的中心区域，而是居于偏南的位置，城市的中心是中心台，位于今鼓楼西侧。

变通之二

北部只开辟两座城门，这样便只有 11 座城门。大都的设计者刘秉忠信奉易经，认为北方处于坎位，坎入于陷则凶，潜藏不露则吉，故不在正中设置城门。

城门的数量是这样设计，其名称也根据方位而在《周易》中寻找，深受《周易》的影响。

■ 南边三门

丽正门

南垣正门，离卦。离，即丽。《周易》："日月丽乎天，百谷草木丽乎土，重明以丽乎正，乃化成天下"。《周易·说卦》："圣人南面而听天下，向明而治，盖取诸此也。"

文明门

南垣东门，鼎卦，处于离、巽之间。《周易》，同人卦："文明以健，中正而应，君子正也"。大有卦："其德刚健而文明，应乎天而时行"。

顺承门

南垣西门，坤卦。《周易》："坤厚载物，德合无疆""万物资生，乃顺承天"。

■ 北边二门

安贞门

北垣东门，讼卦，在坎、艮之间。《周易》："乾上坎下""安贞，吉。"

健德门

北垣西门,乾卦。《周易》:"天行健,君子以自强不息。"《周易·系辞下》:"夫乾,天下之至健也,德行恒易以知险。"

■ 东边三门

崇仁门

东垣正门,震卦。震出东方,《周易》:"君子以恐惧修省。"君子修德为仁,故曰崇仁。

光熙门

东垣北门,艮卦。《周易》:"艮,止也。时止则止,时行则行,动静不失其时,其道光明。"熙,与光同意,有天光之象。日光来自东方,亦有生长意,与西北肃清门相对。

齐化门

东垣南门,巽卦,《周易》:"巽乎中正而志行"。《周易·说卦》:万物出乎震,而齐乎巽,"东南也,齐也者,言万物之絜齐也。"齐,意谓万物整齐生长。此处借指万民,与崇仁门的君子相对应。

■ 西边三门

和义门

西垣正门,兑卦。《周易》:兑,为口,有"丽泽"之象,和义门附近是大都的进水口,里面有辽阔的海子,即今什刹海。传

明清两朝的紫禁城,从神武门方向拍摄

统文化认为,仁居东方,义在西方,故此处取"和义"与东方的"崇仁"相对应。

肃清门

西垣北门,在乾、兑之间,履卦。此卦上乾即天以喻君,下兑即泽以喻民。《周易》:"君子以辨上下,定民志"从而明辨社会秩序。

平则门

西垣南门,位于坤、兑之间,谦卦。《周易》:"谦不讳则""劳谦君子，万民服之。""平则"，谓平易近人，民心归附，与东南方向的齐化门相对应。

南边的三座城门在今长安街南侧，丽正门与正阳门相对，文明门在东单路口偏南，顺承门在西单路口偏南；北边的两座门，安贞门在安定门外五路居路口，健德门在健德门桥一带；东边的光熙门在和平里北街东端，崇仁门在东直门立交桥处，齐化门在朝阳门立交桥处；西边的肃清门在学院南路与西土城路交会处，和义门在西直门立交桥处，平则门在阜成门立交桥处。

与城门相对应，大都依然开辟了三条南北干道与三条东西干道，只是中轴线的北端没有城门罢了。同时，由于南边的三座城门与北边的两座城门，不完全对应，故而在道路上南北不能完全对接。

这些城门今天均已不存。但是作为地名有些依旧流传，比如光熙门、安贞门、健德门，作为地域名称或者公共交通（地面与地下）的站名而被使用。以上那些城门下面的道路，大多依然是北京城区的干道，为人们的出行服务。

四　北京城的城门与道路演变

洪武元年（1368年），明朝的军队攻入大都，把大都改称北平，将北部城垣向南缩进五里。为什么要废弃大都北部？通常的诠释是出于防御考虑。城市收缩，自然会增加防御密度，便于抵御外来的袭扰，这不能说没有道理。然而，是否还存在另外一个理由，即：其时的大都，已经不是国之都城，不能再按照王城理念保持"旁三门"，而必须减少城门的数量呢？

相对大都，北京其时只有九座城门。城门虽然减少了，但是在形状上，也基本是正方形的，只是由于地理影响，西北部的城垣采取抹角形式。南北干道沿袭大都，东西干道则缺少了肃清门与光熙门之间的道路。

永乐四年（1406年），北平被重新定为首都而改称北京，为了适应皇城建设，把南部城垣向南扩展一里有余。这样北京城的中心点便落于景山，从而既为紫禁城提供了一座凭依之山，又将

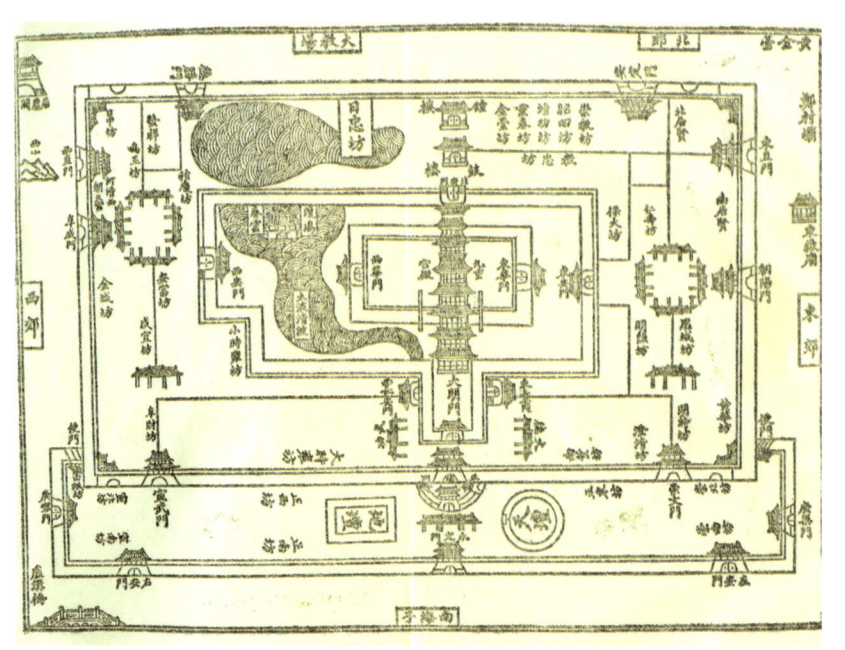

明北京图（引自《京师五城坊巷胡同集》）

元代内廷的延春阁（举办佛事的重要场所，在大明宫后面）遗址压在下面，从而镇压胜朝王气。这一变化，相对宫城偏南的状态，是一个重大调整，当然可以理解为其时的决策者对宫城居中，也就是王城的理解与对历史的纠正。

嘉靖四十三年（1564年），同样出于防御考虑，北京加筑外城，在南部开辟了左安门、右安门与永定门，与内城南垣的崇文门、正阳门、宣武门相呼应；在东部开辟了广渠门，西部开辟了广宁门。如果把外城与内城视为一个整体，那么在北京东西两侧的城垣上，又恢复了《考工记》中"旁三门"的思想。即东边三门：东直门、朝阳门、广渠门；西边三门：西直门、阜成门、广宁门。由于增加了东西对应的两个城门，自然也就增加了一条干道，即今天的两广大街，从而恢复了王城南北与东西各三条干道的格局。

具体而言，其时的道路状态是：

■ 南北走向

左安门、崇文门至北部城垣的道路

今天分别是左安门内大街、崇文门外街、崇文门内大街、东单北大街、东四南大街、东四北大街与雍和宫大街。

永定门、正阳门至鼓楼之间的道路

今天分别是永定门内大街、天桥南大街、前门大街、地安门内大街与地安门外大街。此街是北京城的南北中轴线，中间段落是皇城而将道路阻隔，今天也是如此。

右安门、宣武门至北部城垣之间的道路

今天分别是右安门内大街、宣武门外大街、宣武门内大街、西单北大街、西四南大街、西四北大街、新街口南大街与新街口北大街。

■ 东西走向

东直门和西直门之间的道路

由于什刹海的缘故，两路断开。今天分别是东直门内大街、交道口东大街、鼓楼东大街、鼓楼西大街、新街口东街与西直门内大街。鼓楼西大街在大都时称斜街，自西北向东南迤逦而下，是连接东直门与西直门的重要通道。

朝阳门与阜成门内的道路

被皇城分为两段：东段今为朝阳门内大街、东四西大街；西段今为阜成门内大街与西四东大街。

广渠门与广宁门之间的道路

今天分别是广渠门内大街、珠市口东大街、珠市口西大街、骡马市大街与广安门内大街。

以上这些道路，由于外城的左安门、右安门与内城的城门崇文门、宣武门不完全对应，故而道路不完全对接，但还是基本将北京划分为9块，堪舆家附会为九宫格，实质是井田制在城市规划中的反映。

万宁桥（位于大都中轴线上，也是今天北京中轴线的重要组成部分）

鼓楼与钟楼

    入清以后，北京的城门基本未动，只是为了回避道光帝旻宁之讳而易"宁"为"安"，将广宁门改称广安门。这一状态，至今未变。简括而言，二环路内的北京城，虽然城垣基本拆除，城门也所剩无几，但是原来的干道，王城规划中的九经九纬依然保持，只是延长、加宽而已。道路状态决定城市布局，北京的中心城区反映于经济制度的井田制通过王城理念，依然保持着历史的固有姿态，使得久居于此的人们与外来的旅行者，仍旧可以感受到源于历史深处的核心记忆，这是先人馈赠给我们的厚重礼物，需要我们格外珍视与呵护。

北京老城、胡同与四合院

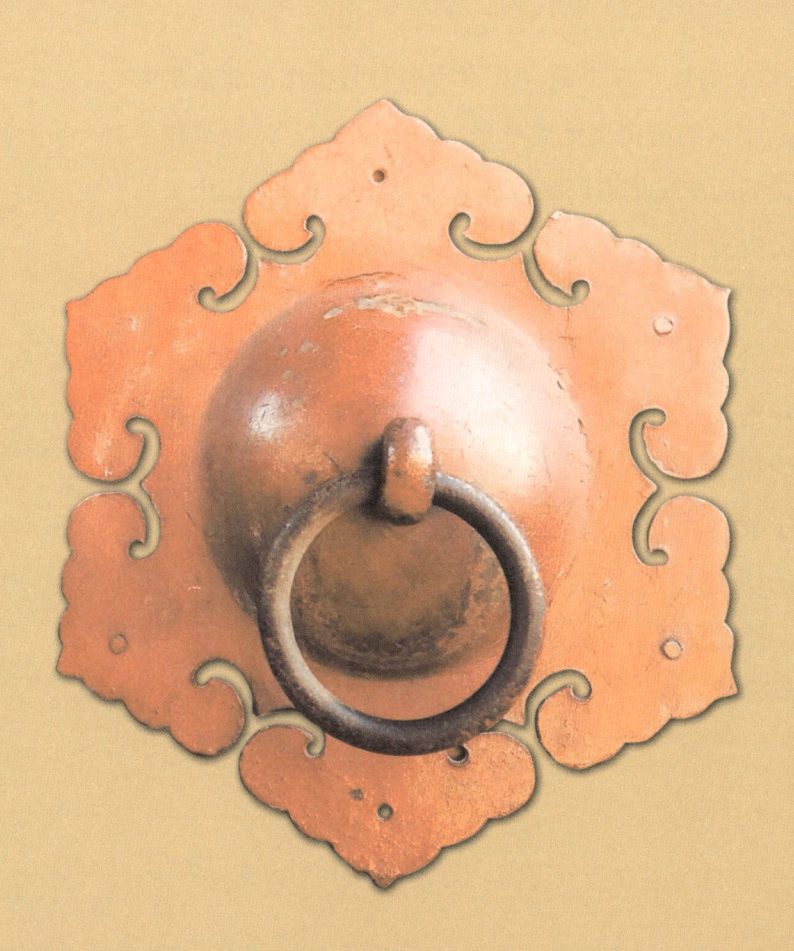

/李建平

北京老城、胡同与四合院，分为三个层面的内容：第一个层面是老城，也就是"凸"字形的北京旧城。一说"旧"，怕人们不知道珍惜，按北京老礼儿，还是称"老"好，因为对"老"是要敬重的。第二个层面是老城内的街巷，北京人习惯将最小的巷子叫"胡同"，这是北京老城的特色文化。第三个层面是胡同内的四合院，有大四合院和小四合院；有规范的或称标准的北京四合院，也有大杂院。北京四合院还有一个特点，就是经过明清两朝，特别是清末到民初这段时间，四合院与文化人结缘，形成了很多的名人故居。也就是既有四合院，又有人文活动，具有鲜明的北京文化特色。

2014年2月，习近平总书记在北京市考察时指出，北京是世界著名古都，丰富的历史文化遗产是一张"金名片"，继承和保护好这份宝贵的历史文化遗产是首都的职责。因此，北京化工大学把"北京历史文化"为主题的讲座文稿汇集成丛书，丛书的名字叫"京名片"，"京名片"中的"京"就是"金名片"中"金"字的谐音。我们还要进一步加大对北京历史文化的宣传和普及，特别是对青少年的宣传和普及；无论是来北京旅游的人，还是在北京工作、学习和生活的人，都应该了解北京，了解这座历史文化名城。只有了解北京，才会更爱北京，更珍惜北京作为历史文化名城所遗留的历史文物；只有了解北京的历史文化，才能更好地建设好北京，使北京城更有首都风范、古都风韵、时代风貌。

一　北京老城

今天的北京老城是以元大都城为基础的，用北京老话儿说就是"底子"；现在看到的老城城墙城门是明代的样式。要想了解元大都城的城墙要去北土城，在那里可以看到元大都土城墙的许多遗迹。元代的城墙是黄土夯筑的，而明代的城墙是用大城砖垒砌的。明代的城墙，在崇文门向东到内城东南角楼，还保留了一段用大城砖垒砌的古城墙。

由此，我们可以感受到北京老城的第一个特点就是有高大的城墙和城楼。今天的北京还保留着几处珍贵的城墙城门遗迹。最著名的有正阳门城楼、箭楼，德胜门箭楼，内城东南角楼；修复的有明城墙东段，从崇文门向东就可以看到；明内城西城墙南段，与外城墙西便门东侧城墙交会，作为明清城墙遗址也具有保护价值；新复建的城楼有永定门城楼、外城东南角楼。

老北京城墙城门是明朝修建的，最大的特点是高大。在城门前还有高大的箭楼，城楼和箭楼之间用瓮城墙连接，呈环绕态势，成为守卫森严的城堡。为使城防更加安全，在城墙、城门前还有宽阔的护城河。北京城为什么修成这样呢？因为北京是都城，里面住着皇帝和皇室人员。尤其在明朝，北京城还要防范北方游牧民族南下，特别是蒙古骑兵的进攻。所以，在北京老城的周围留有宽阔的空场，守城的士兵隔着很远就能发现敌人的军事行动。老北京城高大的城墙不仅能够抵御游牧民族的骑兵进攻，而且关上城门就是安全的城市生活家园。古人讲"城以卫民"，就是说城墙、城门是用来保护城中老百姓的。作为都城，又与"国"字相通，"国"的外框就是四面围着的城墙，中间的"玉"象征"五德"之好（仁、义、智、勇、洁），是王权和王政的象征。由此，北京城不仅卫民，还要保障皇帝的安全，修建得就更加坚固，不仅有高大的城墙护卫，城墙之外还有护城河，护城河之外还有军营，特别适合安全防御。

明清北京城墙遗址

新修复的外城东南角楼

　　老北京城是什么样的？今天北京的二环路以内就是北京老城的城址。北京老城面积有多大呢？大约有 62 平方公里。北京老城的形状呈"凸"字形，上（北）面小，下（南）面大。上面部分是北京老城的内城，下面东西宽出的那部分是明朝嘉靖年间修建的北京外城。北京老城的内城和外城加在一起，就像在内城上戴个帽子，让人感觉像秦始皇头上戴的皇冠，是"帝王帽"，所以也有人管北京老城叫"帽子城"。但实际上北京老城更像一个人，像一个什么样的人呢？传说北京是八臂哪吒城，是说北京城像哪吒。传说哪吒有三个脑袋、八条臂膀（也有说六条臂膀的）、两条腿，概括为"三头、八臂、两足"。"三头"，北京老城无论内城还是外城，南城墙上正好有三个城门；"八臂"，也就是老城东西两侧各有四座城门，东边是广渠门、东便门、朝阳门、东直门，西边是广安门、西便门、阜成门、西直门；"六条臂膀"的说法也就是不算东、西两个便门；"两足"，就是北城墙上的安定门和德胜门。为什么把德胜门、安定门说成是"两足"呢？传说北京老城还有一条中轴线，就像人的脊椎骨，头在南、尾在北。永定门至正阳门是"头"，钟鼓楼就相当于人的"尾骨"。从钟鼓楼到德胜门和安定门，正好呈现一个三角形，钟鼓楼是"尾骨"，德胜门和安定门就相当于人的"两足"。老城的心脏在哪？自然应该是紫禁城。北京老城西面还有一片水，是北京六海水域（南海、中海、北海、什刹前海、什刹后海、什刹西海），传说这片水域就像人的消化系统，北海就相当于人的"胃"，什刹前海、什刹后海、什刹西海就相当于人的"肠道"。天坛和先农坛是左右对称坐落在中轴线两侧，而且是两座绿树满园的祭坛，相当于人的"左右肺"，用来给北京老城吐故纳新。老城大的街道相当于人的大骨架，小的街巷相当于小骨架，东西向整齐排列的胡同相当于人的"肋骨"。同时，流经北京老城的河湖水系也很有规律，从老城西北进入，从老城东南流出，相当于人的"血脉"。"眼睛"在哪？北京外城东边有个龙潭湖，西边有个陶然亭，两片水域像两只水汪汪的大眼睛。"鼻子"在哪？北京老城还有龙须沟，在天桥东、西两侧，东边的称"东龙须沟"，西边的称"西龙须沟"，"鼻孔"就是隆起的天桥，"脑袋"则是从永定门到正阳门。

说北京老城像一个人卧在北京湾这片美丽的草地上，还有天人合一理念和尊重自然规律法则的原因在里面。人们常说，北京是个好地方：三面环山，一面向阳。北京老城坐北朝南，北面和东北面是燕山山脉，西面是太行山余脉——西山，有"神京右臂"之称。北京老城的布局是：北有居庸关，西有西山，东有大运河，正南面是大平原。北京老城自身布局则是：南有天坛，北有地坛，东有日坛，西有月坛。如果将北京老城拟人化，这个人就生长在天地日月之间，完全按照天南地北，日出东方、月落西方的自然规律在环境优良的北京湾内运转，这就是北京老城天人合一的理

"凸"字形北京老城示意图

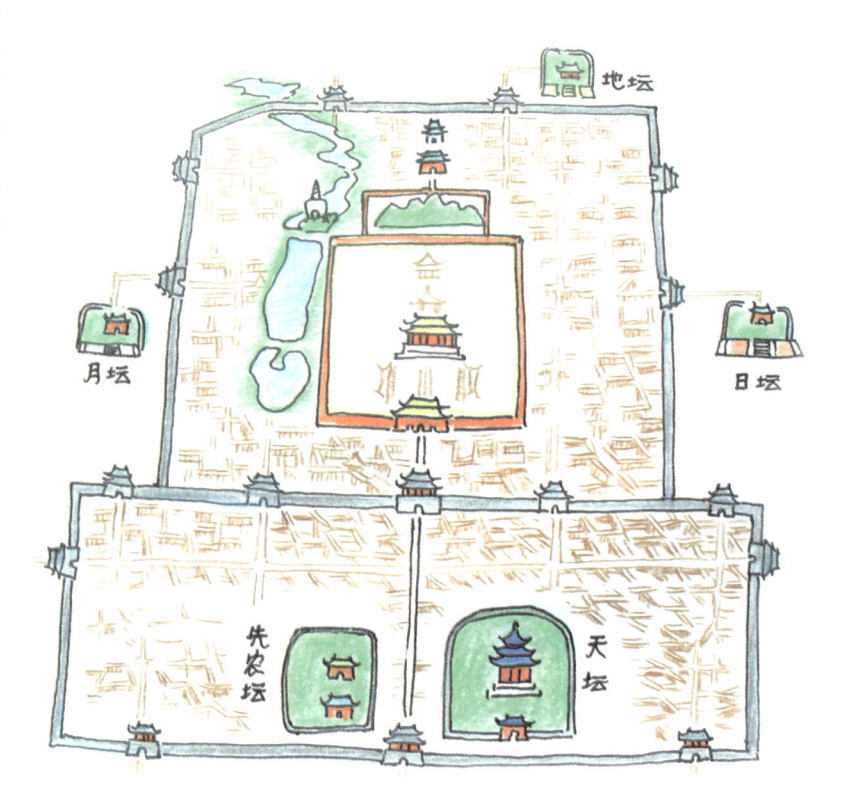

念和寓意。

　　北京有一句老话儿，叫作"内九外七皇城四"。什么叫"内九"？内九就是指内城有9个城门，正阳门、崇文门、宣武门、朝阳门、阜成门、东直门、西直门、德胜门、安定门。什么叫"外七"？"外七"是指在明朝嘉靖年间修建外城后又开了7个城门：南城墙正中是永定门，左边是左安门，右边是右安门，东边是广渠门，西边是广宁门（清朝有个皇帝的名字里有"宁"字，要避讳，就将广宁门改名为广安门），为了方便在内外城交界的地方出入，又开通了东便门和西便门。这样外城一共有7个城门。"皇城四"，是说北京老城内的皇城共有4个城门，都突出一个"安"字，分别是

正阳门箭楼

天安门、地安门、东安门、西安门。

　　北京老城正阳门为内城九门之首，其名称最能体现明代北京城市发展之态势。正阳门位于北京宫城（紫禁城）、皇城正前方，又有"前门""大前门"俗称，还兼有内向"仰拱宸居"、外向"隆示万邦"之用意。命名"正阳"是取"圣主当阳，日至中天，万国瞻仰"之意，在古代社会不仅有"国门"之称，还是都城的象征，代表国家的都城蒸蒸日上。

　　正阳门在古代社会主要功能是什么？是"国门"，即正阳门不仅有一般出行通道作用，它的位置、建筑规制更加体现国家的气度、首都的气魄，是北京内城九门中最重要的一座城门。为什么最重要？这是因为皇帝出行要从正阳门出来，外国使节觐见皇上要从正阳门进入。正阳门箭楼是内城九门箭楼中唯一开门洞的，专为皇帝出行开辟的。同时为便于百姓进出内城，正阳门瓮城东、西两侧各开一道闸门，充分体现了北京城"中心明显、左右对称"的文化特点。

在正阳门左右是文武对称的两个门。正阳门左面（东边）是崇文门，右面（西边）是宣武门，这象征着正阳门是供皇帝出行的，在皇帝左右有文武簇拥，习惯称"左文右武"。在古代社会，文武的位置是固定的。皇帝升朝的时候，左边文臣，右边武将。这一点到故宫太和殿感受会更加深刻。太和殿左边有文楼，称"体仁阁"；右边有武楼，称"弘义阁"。这不仅表明皇帝的金銮宝殿两侧是左文右武，而且文化内涵得到进一步升华，文的圣人是孔子，讲究"仁"；武的圣人是关羽，讲究"义"。崇文要体恤"仁爱"，尚武要弘扬"忠义"。

崇文门在左边，是干什么的？因为它位于东南方位，八卦里的巽位，意"吉祥"。我们常说紫气东来，所以位于东南方位这个门寓意进财，故北京老城收税地点就定在崇文门。由此，崇文门也称"税门"。中国古代农民自己种地、自己纺织，都是要交赋税的。城里的税收种类更多了。北京著名的白酒"二锅头"，是康乾盛世物质文化发达的产物。那时候"二锅头"叫北京烧酒，俗称"北京烧"，就在前门（位于崇文门的西边）外生产。另外，崇文区手工艺作坊特别多，现在的"磁器口"，那时是生产、交易瓷器的地方，还有生产玉器的玉器厂、玻璃制品厂、珐琅制品厂等。另外，还有卖花的花市和绣花手工作坊等。在正阳门外，开饭馆的，开旅店的，卖吃的、穿的、用的，卖文房四宝的集市都非常多。做买卖，就得交税，由此崇文门得名"税门"。

宣武门在右边，是干什么的？左边崇文门是"生门"，右边宣武门就是"死门"。世间万物都有生死，这是自然规律。宣武门那时候主要是供囚车通过，到宣武门外菜市口行刑。在古代社会一般在哪儿处决犯人？看戏词里说"推出午门斩首"。查历史文献并没有在午门外行刑的，皇宫大门口怎能成为杀人的刑场呢？明朝行刑通常会选择人多又有空场的地方，按照生死方位，是在西边，选择在有大片空地的西四牌楼。现在，牌楼没有了，大家习惯称之为"西四"。到了清朝，觉得西四仍离皇宫太近，就挪到外城宣武门外菜市口。

朝阳门和阜成门左东右西，相互对应，有什么关系，是干什么的？这两座城门和老百姓生活关系就更加密切了，是管吃的和烧的。老北京人粮食从哪儿运进来？答案是朝阳门。因为朝阳门外护城河连接着通惠河，通惠河一直通往通州。电视剧《天下粮仓》中，从南方运来的粮食都是水运，史书上称"漕运"。漕粮先到通州，在通州交完粮，一部分储备在通州粮仓，一部分换成平底船，沿着通惠河、朝阳门外护城河运输。漕粮从朝阳门运进城中，所有运粮食的船到朝阳门外停靠、卸粮，然后搬进朝阳门内外粮库中。因此，朝阳门内外、附近粮仓特别多，例如现在还保存有南新仓、禄米仓、海运仓等地名。当时朝阳门内大街卖五谷杂粮的店铺集中，那里的粮价成为城市粮价的"晴雨表"。所以，朝阳门被老百姓俗称为"粮食门"。

阜成门俗称"煤炭门"，是保障北京城市的生活用煤。我们常说"巧妇难为无米之炊"，在古代社会没有米不行，没有煤在城市里也不行。在山区或农村没有煤可以烧柴，在城市，家家户户紧挨着，如果都烧柴火，不仅容易着火，烟灰也太大，所以要烧煤。那么，煤从哪儿来？答案是阜成门，因为阜成门对着西山，西山里面的煤炭资源丰厚，这些煤开采后用马车、驼队运送到阜成门。阜成门是当时内城九门中最黑的一个城门洞，因为长年运输煤炭，城门内外道路黑乎乎的，加上刮风，城墙也有煤末子，在城门过道多是煤渣子。过去买煤要背煤篓子到阜成门，有黑煤球、有烟儿煤、有无烟儿煤。无烟儿煤烧出来烟少，不呛人。那时候还要学会摇煤球，就是把剩下的煤渣、煤沫子和黄土一搅和，摇成煤球，在太阳下晒干。后来，不烧煤球了，改成蜂窝煤。蜂窝煤相对干净，便于使用存放。

东直门和西直门是对应的，这两个城门是干什么的？按照五行方位，东为木、西为水。故而东直门进木料，西直门进水车。从东直门运来的木头多是沿着运河漕运而来，一些大木料存放在大木厂、皇木厂、神木厂，经过加工后成为木料、板材、劈柴、刨花等运进东直门出售。当时的东直门内什么店铺最多？大家可能都想象不到，是棺材铺。棺材铺多到什么程度呢？从东直门一进来，两侧全都是棺材铺。为什么呢？因为人有生就必然有死，生死是自然规律。老百姓死了要埋，北京周围有很多坟地、义地，比如北京师范大学附近的地名就叫铁狮子坟，西三环有个地名叫公主坟。以前，在安定门外也有坟地，安定门外青年湖有一个俄罗斯人墓地，西直门外二里沟（车公庄）有明清传教士墓地等。在中国古代社会，人死之后都要有一口棺材下葬，因此棺材铺多，并且集中在东直门附近。所以，东直门被老百姓称之为"木门"，正好也符合阴阳五行"东方甲乙木"。木预示着生，也就是说，人死后还要生，还要轮回，这是中国古代的传统文化思维。

东边是木门，西边就是水门。北京城有鸟巢、水立方，鸟巢在东边，因为鸟巢理应是用树枝搭建的，作为国家体育场馆，我们用最好的钢材搭建，但在文化理念上没有变，仍然是东方木。西边一定是水。什么和水有关系呢？自然是游泳馆。所以水立方在西边。水在西也是北京人阴阳五行的传统文化理念。北京人讲究木在东、水在西。北京老城西直门外对着小西山玉泉山。玉泉山的水被乾隆皇帝御笔亲题为"天下第一泉"。乾隆听说玉泉山的水质特别好，但水好到什么程度，谁也说不清楚，乾隆皇帝想出一个比较好的办法。他让全国各地将当地最好的水都送一罐到北京来，然后把这些水用大小容积相同的罐装起来，再依次称其重量，水越轻说明杂质就越少，结果玉泉山的水分量最轻。乾隆龙颜大悦，于是就在玉泉山上题字"天下第一泉"。从此，乾隆和皇宫专门喝玉泉山的水。每天皇宫都派大马车去玉泉山拉水，大马车上面放着九个大木桶，上面缠着黄绳，插着龙旗。老百姓一看就知道是给皇宫运水的大车。运水车每天下午出发，出西直门一直到玉泉山时，天已经黑了。时间的选择是有讲究的，因为天黑了就没有人活动了，这时候水最清，水质最好。装满九个大水桶后，运水车原路返回，从西直门一直到皇城，正是天亮的时候，运水车上的九大桶水就开始分送各宫室了。

北京老城北边还有两个城门，西北是德胜门，"德胜门"是道德的"德"，不是取得胜利的"得"。音同字不同，寓意很深刻。德胜门是出兵的地方，出去打仗不仅要取得胜利，还要告知世人从这个门出去的是正义之师，是从都城出师，带有天子的威德。有时打仗，除了在厮杀中取胜之外，还有正统和非正统、正义和非正义之分，还要用有德战胜无德，用天子的威德去感化对方，彻底把敌人征服，以求得天下安定。所以班师回朝的军队就从安定门进入，午门前庆功。由此可见，北京城的九门和城市的功能是紧密结合在一起的。

北京老城还是多民族文化融合的城市，它的另一张"金名片"就是北海的白塔。北海的白塔是北京城的另一大象征。现在，北京市旅游局把天坛的祈年殿作为北京城的标志，一看祈年殿，便知是北京。其实，北京老城另一张更加体现多民族国家首都的"金名片"就是北海的白塔。

北京北海的白塔和西藏、青海等地的白塔不同。我们仔细观察可以发现，北海的白塔前面有一座琉璃装饰的小佛殿，上圆下方，名"善因殿"。这是北海白塔与佛殿的完美组合，在建筑体量上一大一小，在建筑装饰上一白一绿，两座建筑大小适中，造型样式堪称完美。善因殿的建筑特点是上圆下方，其中圆代表天，方代表地，圆代表乾，方代表坤。这里面供奉的是北京城的守护神，它被称为"大威德金刚"。藏传佛教大威德金刚的特点叫作"大威""大德"。"大威"是说他发起威来，一切邪恶的小鬼都躲到一边去了；"大德"是说他施展的法术能造福大家。据说大威德金刚是菩萨的化身，它在清朝被视为北京老城的守护神。

北海的白塔和善因殿是清朝时修建的。之前在元大都城修建时，北海与南海是皇宫的核心区域，名叫"太液池"，是按照仙山琼阁建造。当时琼华岛被称为"万岁山"，在琼华岛上修建有美丽的宫殿，因其位置在城的西部，又是在水域的仙岛上，故宫殿名为"广寒宫"，也就是传说中嫦娥居住的宫殿。岛上有水雾的时候，仙岛、宫阙在薄雾中隐现，更似天上人间。有史书记载，元朝初年，忽必烈曾下榻广寒宫，大宴群臣，喝酒用的大玉缸，名"渎山大玉海"，现在还保留在团城[①]上面。到了明朝末年，广寒宫年久失修，坍塌了。清军入关后，在藏传佛教大喇嘛的指引下，首先开始关注琼华岛这座仙山，并在广寒宫的基础上修建藏

[①] 团城，位于北京西城区北海南门外西侧，原为太液池的一个小屿。

北海白塔

传佛教白塔。之所以要修建一座白塔，是希望能给清朝和黎民百姓带来福气。这种福气说来源于藏传佛教。据说，在清军入关之前，从西域来了一位大喇嘛到了盛京（今天的沈阳），游说清朝统治者信奉黄教。清朝统治者问信奉黄教有什么好处，大喇嘛说会有福气来临。因此，当时清朝统治者非常重视黄教，将新出生的皇子起名为"福临"。福临是清朝入关进北京老城的第一个皇帝，也就是我们习惯称呼的顺治皇帝。顺治进北京后，从沈阳跟来的大喇嘛又提出，整座北京老城就像佛教世界的坛城，但是需要在皇宫西北方位增建一座标志性建筑。于是就在坍塌的广寒宫旧址上修建了白塔，并以塔为基址修建白塔寺，后命名为"永安寺"。清朝初年修建这座白塔，看似是弘扬宗教文化，实际上与都城文化建设有关，与统治理念有关，这个理念就是安定团结。

北京老城另外一处盛景是景山公园。夏季看莲去北海，中秋赏月上景山。景山是中秋赏月的好地方。乾隆年间在景山上修建了五座亭子，实际上是五座佛祖的殿堂。正中是万春亭，三重檐、黄琉璃瓦，大气端庄。万春亭两侧是八角亭式建筑，重檐、绿琉璃瓦黄剪边；再外侧两边是圆形的亭式建筑，重檐、孔雀蓝琉璃瓦。这五座亭式建筑，不仅整齐对称，而且把景山景观建设推向另一高度。景山是明朝初年修建紫禁城时修建的，当时是想给紫禁城北面增加一座靠山，使紫禁城庭院能够"前有照（金水河）、后有靠"，于是利用挖紫禁城护城河的泥土在城后堆积成山，这种手法古代称"挖湖堆山"，是一种造园手法，后被引用在宫廷建设之中。堆积成的土山被命名为"万岁山"。然而，到了明朝末年，这座万岁山与明朝最后一位万岁爷——崇祯皇帝开了一个玩笑，李自成进北京，打进皇宫的时候，崇祯在万岁山上吊死了。

景山万春亭

清朝初年，万岁山改名为"景山"，并调整了寿皇殿位置，在景山顶上修建了五座亭式建筑的佛祖殿堂。作为亭式建筑，更能与山融为一体，展现外在景观，作为佛祖殿堂，具有压胜、镇邪作用，可谓一箭双雕的精品创作。

五座佛祖殿堂分别供奉着藏传佛教五方赞，又称五方佛，源自密宗金刚界思想，在东、南、西、北、中各有一佛主持。在五方佛正中为毗卢遮那佛，也就是大日如来；赞美东方，为阿閦佛；赞美南方，为宝生佛；赞美西方，为阿弥陀佛；赞美北方，为不空成就佛。1900年，八国联军进北京，在闯进皇宫的时候对景山五座佛祖殿堂进行了破坏，将正中毗卢遮那佛像毁坏，将东、西、南、北四方佛盗走，极大地破坏了景山的神韵。目前，景山正在恢复五方佛景观，其中在万春亭内已经恢复了毗卢遮那佛的供奉。

在空中看北京老城还有很多独特景观。例如，由故宫，也就是明清紫禁城与中轴线相交，形成一个明显"中"字，展现北京老城文化核心是追求中正；在皇宫西侧有六海水域，形成一条龙形水系。蓝色的水系与金色的宫殿形成和谐之美。

从空中看"六海"水域，可以看到南海、中海（合称中南海）、北海、什刹前海、什刹后海、什刹西海。从遥感卫星拍摄的照片中，我们还能看到"一池三山"。南海南端是新华门，乾隆皇帝在这修建了"宝月楼"，南海里面是大片的水域，环湖水堤岸还有林间步道。在水中央是瀛台，一座仙岛的象征。所谓"一池三山"，最早由秦始皇设置。"一池三山"是指在一大片水域中堆砌三座仙山，象征着蓬莱仙境，也是人们想象中仙人住的地方。在中国古代神话中，东海有蓬莱、方壶（也称"方丈"）、瀛洲三座仙山，山上长有神仙看管的长生不老药。从秦始皇到汉武帝，都盼望着长生不老，也就寄希望于东海神仙能现身，赐给其长生不老药。由此，"一池三山"的造园格局和景观成为一种定式，被历代皇家园林传承。

在北京最早的皇家园林——广安门外的鱼藻池（辽金时期皇宫西苑）内有"一池三山"；元大都修建后，在太液池（今中海和北海水域）有"一池三山"，即蓬莱（琼华岛）、方壶（团城）、瀛洲（犀山台）；到了明代，开挖南海，在南海中保留"南台"岛屿，清代进一步打造成仙岛——瀛台，成为"一池三山"中"瀛洲"的象征，中海犀山台与东岸相连，成为佛教圣地。清代是北京皇家园林修建鼎盛时期，在北京老城西北出现了著名的"三山五园"，仙山琼阁的文化得到进一步扩展。例如，在圆明园福海中就有"蓬岛瑶台",在临近湖水有"方壶胜境"景观,这些都是"一池三山"的象征;在清漪园(颐和园)修建过程中,昆明湖中南湖岛原是东岸边上的龙王庙,拓展昆明湖水面时将其保留下来成为湖心岛(蓬莱),同时在西湖水中有治镜阁(方壶)遗址,偏南一些有藻鉴堂(瀛洲)岛,这也是三座仙岛的象征,形成"一池三山"的格局。这种皇家园林的格局在北京是都城文化的重要组成部分。尤其是在北海、中南海中形成的"一池三山",是北京老城源远流长的古都文化重要的组成部分,应该好好加以保护,使其得到完整展现。

　　北京老城与天地万物的关系集中体现在天坛。现在天坛已经成为对外开放的公园,古时是北京老城"九坛八庙"之首,是皇帝祭天的重要场所。在古代社会中,北京老城是天子所在地,皇上叫"天子",寓意是老天爷的儿子,是奉天承运统治国家,所以皇帝要敬天。皇帝敬天有固定日子和固定仪式,地点就在天坛。天坛公园内有两个祭坛,从天坛南门进入向北行走,见到的第一个祭坛叫"圜丘坛"。圜丘坛是方形的坛址,中间是圆形的坛墙,正中间是圆形的祭坛,老百姓俗称"拜坛",圆形三层。在三层祭坛上面正中间有一块圆形汉白玉石头,叫中心石。这个地方就是皇帝每年冬至祭天的场所。冬至是一年当中白天最短、黑夜最长的一天,人们认为这是天和地距离最近的时候,也就是人(皇帝,号称"天子")和天(俗称"老天爷",明称"皇天上帝")对话的最好时机。皇帝祭天和平时不一样,首先要恭敬虔诚,先在天坛斋宫沐浴更衣,素斋清心寡欲,然后才能和老天爷对话。皇帝认为自己是天子,他和老天爷对话就是儿子和父亲说话,是悄悄话,所以不许别人进去。皇上自己走到中心石,站定,然后和老

颐和园"一池三山"示意图

天爷对话。皇上祭拜完老天爷出来，再向北行，祭坛后面的建筑叫皇穹宇，这中间圆顶的建筑大殿是用来供奉神位的，因为院墙的砖具有回音效果，老百姓将其俗称"回音壁"。也就是说，站在墙下，能听到远处人说话的声音，好似天神的法力，在不具备相关科学知识的古代，人们更感觉是上天的法力在起作用。

  第二个祭坛从成贞门①向北，经过一条长长的御道（也称"神路"或"海墁大道"），就到了祈谷坛。祈谷坛的意思就是祈盼风调雨顺、五谷丰登。皇帝到祈谷坛祭天是在每年正月，立春之后，皇帝要再次向老天祷告，这次皇上不是为了自己，而是为国家、为百姓、为江山社稷。在那里祷告什么呢？祈求新的一年年景要风调雨顺、国泰平安，农业五谷丰登。下雨可以，要及时雨，滋润万物，要刮风，得是和风，不要暴雨成灾，不要大旱虫灾。祈谷坛的核心建筑是祈年殿，大殿内共有 24 根柱子，象征二十四节气，殿顶一层一层的蓝色琉璃瓦象征着蓝天，意思是将人间的信息一步步传向上天。天坛，这个古代社会皇帝祭天的场所，如今已经成为北京老城内的世界文化遗产，也是北京老城丰富厚重的都城文化的重要展现。

---

① 成贞门，圜丘坛四大天门之一。圜丘坛四大天门分别为：泰元门（东）、昭亨门（南）、广利门（西）、成贞门（北）。四门名称取自《周易》乾卦卦辞中的"元、亨、利、贞"。

二 北京的胡同

胡同是北京老城独具特色的城市"肌理"。全国各地多有街巷，但很少有整齐排列的胡同。在中国北方有些城市偶尔能见到有一两条胡同。北京老城内成片、集中的胡同组成，它是老北京城的城市"肌理"。因此，胡同是北京城市景观，又是城市文化元素，更是北京老城的一张"金名片"。以前，外国朋友来北京一般要看五个景点。第一个是长城，不到长城非好汉；第二个是故宫，没去故宫等于没到北京城；第三个是颐和园，中国清代皇帝的夏宫；第四个是十三陵，中国明代皇帝的陵墓；第五个是天坛，明、请两代帝王祭天祈谷的胜地。而实际上，北京城除了这些大景点之外还有很多文化景观和文化现象。例如京剧和胡同，也是北京的招牌。要想深入了解北京文化，外国朋友发现，不能仅看北京的五大景点，还要深入北京老城街巷胡同。所以，现在外国朋友再来北京，就开始钻胡同，到北京人家里住一住。2008

年北京举办第29届夏季奥运会，接待来自世界各地的运动员和国际友人，有一些外国友人提出特别要求，说奥运会是城市运动会，他们要感受一下北京人的城市生活，希望住在老北京人家里，特别提出要进胡同，住老北京的四合院，最好能直接感受北京人的日常生活，例如：听房东说说正宗的北京话，在房东家里包顿饺子，早餐能有豆汁儿、焦圈儿等。于是，北京市旅游委小范围地开了一些"北京人家"接待这些外国朋友。2022年北京要举办冬奥会，已经有一些外国人要求再多开一些"北京人家"，而且提出家庭接待旅游散客在很多国家运转都很成功。国外好的管理办法，特别是公共文化设施建设我们要借鉴、学习。北京作为世界知名的历史文化名城，可以积极探索有条件的家庭开展旅游服务和接待。作为中国文化的窗口之一，讲述好北京故事，就是讲述好中国故事。

　　胡同到底是怎么回事呢？为什么外国人来北京指名道姓地要求钻胡同、住四合院呢？因为北京的胡同、四合院是北京城市的金名片。"胡同"来自蒙语，是由蒙古的语言演变而来，这一点是语言学家和历史学家公认的。北京语言文化大学的张清常教授，著有《北京街巷名称史话》《胡同及其他》等著作，对这"胡同"二字的语言演变颇有研究。他认为，胡同是从蒙语的"浩特"二字转化而来。内蒙古自治区的省会城市叫呼和浩特，内蒙古自治区还有二连浩特等名称。那"浩特"是什么意思呢？蒙语"浩特"就是人们生活、聚集的地方。蒙古民族有个特点叫"逐水草而居"。人们生活离不开牛羊，牛羊离不开草场，好的草场离不开水源，有水有草的地方适宜蒙古民族生活。内蒙古呼伦贝尔地区自古便有"风吹草低见牛羊"的壮美景观。蒙古民族逐水草而居，经常换草场，这样做不仅让牛羊吃到新鲜草料，还有利于草场轮休。因为老搬家，经常轮换草场，所以蒙古民族住帐篷，便于搬迁。蒙古民族逐水草而居，在有水的地方集中居住，这种地方就被称为"浩特"。由于蒙古民族长期生活在北方大草原上，早晚天气寒冷，养成鼻音较重的发音习惯，蒙古族人到北京后，用浓重鼻音说"浩特"，谐音就成了"胡同"。

胡同是蒙古人到北京建元大都时留下来的，至今已有700多年的历史了。胡同这个说法源自蒙古语言没有异议，但是胡同的文化渊源是和水有关还是和火有关则存在争议，而且是水火不相容，说法完全对立。例如，赞成胡同与水有关的专家通过在北京实地考察，认为北京的胡同多和水井有关，人们是以水井为中心聚集的。他们通过考察发现北京有百十条胡同直接以水井命名，说明胡同和水有关。以前的安定门外就有大甜水井胡同、上龙大院等，表明水与胡同有紧密的联系。北京历史文献中，北京与井有关的胡同还有琉璃井胡同、砂岩井胡同、大井胡同、小井胡同等，表明胡同和水有关，有井的地方就是有人居住的地方。

然而，胡同和火有关的理由也十分充足。在古代蒙古地区多大草原，草原怕什么？着火！据说，蒙古民族最先发明的有针对性的预防草原着火的办法，叫"隔离法"。草场着火了，究竟要怎样做才能逃生呢？蒙古民族有妙计。他们马上召集同伴将居住地周围的草场清理干净，然后迅速到河沟里取水，将草场和身上衣服弄湿透，所有人都会把自己的被子拽出来，放到水里浸湿，然后每个人把浸湿的被子顶在头上，盘坐在草地上，请求神灵保佑。这样做的结果很灵验，所有顶着被子坐在草地上的人都没有被火烧到，因为火星、柴火从被子上面飘过去了，地是湿的，草都被清理了，被子也是湿的，火没什么可烧的了，人自然也就安全了。蒙古骑兵打仗，还有一个特点，就是先利用炸药炸开城池，然后骑兵一拥而上。由此，蒙古骑兵南下中原的时候，大部队都带着炸药，炸药如果保管不好，一爆炸就会"火烧连营"。蒙古骑兵也发明了对付"火烧连营"的最好方法——隔离法。怎么隔离呢？蒙古骑兵把每个营地之间留出一定空间，这个空间被叫作"避火巷"，简称"火巷"。据说，江南一些城市街道至今还保留有"火巷"的称呼。因为蒙古民族在西北，鼻音重，"火巷""火巷"叫着叫着就被叫成"胡同"了。这就是胡同和"火"有关的说法。

可见，"胡同"二字，既与水有关，又与火有关，被统称为"水火之说"。水火对立，在五行中相克，但在对胡同文化的挖掘中却被奇妙地联系在一起了。

已故北京史研究会专家曹尔泗在《北京胡同丛谈》一文中认为，"胡同"一词最早见于元曲。元曲作为元代的一种杂剧，当时十分盛行。其中关汉卿所著《单刀会》里面有一段唱词："杀出一条血胡同"，这就是最早出现在元曲中的"胡同"二字。但从字义上看，这里的"胡同"应指道路。在北京老城里，胡同即是街巷，是居民居住地的道路。

北京有多少条胡同？传说北京的胡同多如牛毛。实际上，北京的胡同数量是动态的，每个朝代或时期是不一样的，研究胡同的专家翁立写了一本《北京的胡同》[①]，书中介绍北京胡同起源于元朝，并说当时有街巷413条，直接称胡同的29条；明朝有街巷1170条，直接称胡同的459条；清朝有街巷2077条，直

---

① 翁立：《北京的胡同》，北京图书馆出版社2003年版。

接称胡同的978条。其中，有些街巷未加"胡同"二字，但实际上在北京人眼中也是胡同。因此，北京的胡同就数不清了。北京西城区西四丁字街的砖塔胡同是从元代保存下来的，也是北京最早的胡同，被称为"北京胡同之根"。曹尔泗先生在《北京胡同丛谈》中说，在元杂剧《沙门岛张生煮海》中，张羽问梅香，你家住哪里？梅香说，我家住砖塔胡同。由此，我们不仅知道砖塔胡同在元代就是已经存在的胡同，还是元代达官富人居住区、市井商业繁华区域。"砖塔胡同"得名于胡同东口的砖塔，这是一位名叫"万松老人"的砖塔。为什么在此地修建有砖塔，因为万松老人是功德和造诣很高的出家僧人。平常人死之后往往立一个碑就行了，但僧人不一样，僧人死了之后要埋到地下，上面还要

西四砖塔胡同的万松老人塔

修建一个塔。这个塔的修建要根据你一生的功德来建，如果你的功德高尚，那么塔就修建得高，寄托着后人对你的敬仰。为万松老人修建的砖塔不仅高，而且讲究，说明万松老人功德高尚，造诣很深。万松老人自称"万松野老"，15岁出家，云游四海，精通佛学。万松老人主张"以儒治国，以佛治心"的道理，是针对蒙古骑兵南下，攻城略地时围城、屠杀的时代背景。强调放下屠刀立地成佛的思想和理念，就是告诫人们不要杀戮，要恢复安定的社会秩序。这种社会秩序是符合民生需求的，也是儒家治理社会的主张。

现在北京老城胡同最多的地方就是从东单到北新桥，从西单到新街口，这两条大街东西两侧的胡同排列整齐。格局都是元大都城留下的城市格局，这些元代遗留下来的胡同街道，作为北京老城的胡同文化遗产，非常具有保护价值。北京外城的街巷胡同与内城有明显区别。内城是元大都城市的基础，是先有规划而后修建的街巷、胡同。这种规划保证了城市街巷、胡同整齐划一，东、西、南、北方位正，大街、小巷、胡同成系统。而外城多河汊，明显斜街多了，有弯道的胡同多了，最多有九道弯胡同。

北京的胡同平时异常安静。北京史研究会老会长曹子西先生回忆，1949年，他住在东四六条胡同。一天中午，人们都午睡，他睡不着，就走出大院来到胡同中，发现除他之外胡同内一个人也没有，只听到树上蝉儿在叫。北京胡同还有一个特点，一眼能看穿的胡同是通的。但有的胡同越看越窄，越往里越小，最后就没有路可走了，被称为"死胡同"。所以，北京人形容一些人死脑筋，就说这个人"钻进了死胡同"。北京最窄的胡同叫"一溜胡同"，又叫"义溜胡同"，在地安门外大街路西，也就是地安门商场南

前门东长巷头条江南水乡景观

边。这条胡同窄到只能容纳一个人走过去。可惜这条胡同现在没有了，但是有个地标，有迹可循的。北京最短的胡同，叫"一尺大街"；越走越窄的胡同，叫"耳朵眼儿"胡同；北京还有半截子胡同、死胡同，如果胡同口已经注明了这是死胡同，千万别往里钻，钻进去后还得原路出来；北京还有一种胡同是"曲径通幽"，就是你越走越窄，感觉可能通不过去了，然而一拐弯突然柳暗花明，又通过去了。北京的胡同内容太丰富了，可以说博大精深。

北京胡同因为诞生在古代社会，在当时是先进的城市"肌理"和布局，但是从今天的视角来看有很多落后的地方。原来的老北京城胡同有一句名言，叫作"无风三尺土，下雨一街泥"。以前的胡同里没有柏油路，好的胡同铺砖，绝大多数胡同是土路。不刮风还好，一刮风便尘土飞扬。北京以前的春天多沙尘暴天气，胡同两侧墙壁上全是尘土。中华人民共和国成立以后，在"三北"修了防风沙森林，胡同里的下水也修建了管道，路面铺上了沥青，环境改善了，路面干净了。修建北京胡同是为了改善人民生活、提高人们生活质量，沿着利民的思路，保护、利用好每条胡同。

谈北京胡同必须得说锣鼓巷，锣鼓巷现在已经是旅游区，成为北京最热闹的一条胡同。锣鼓巷是中间一条巷子叫锣鼓巷，两边各有8条对称的胡同。锣鼓巷在明代叫"罗锅巷"，它的特点是像驼背的人，形状为中间高、两边低。"罗锅"名字太俗气、不好听，于是雅化了一下，谐音改成"锣鼓"，敲锣打鼓，显得喜庆，就变成了"锣鼓巷"。因为锣鼓巷两边各有8条对称的胡同，这一区域像一条蜈蚣爬行，由此老百姓又称之为"蜈蚣巷"。如果时间偏短，建议参观锣鼓巷是这样一个行程：将车停在东棉花胡同东口，进胡同不远，在右手（路北）参观砖雕花门，这是清末凤山将军住宅；然后到戏剧学院实验剧场歇一下，拐进锣鼓巷，再左转参观帽儿胡同。帽儿胡同内有可园、文煜旧宅院、婉容故居等。之后沿着新修复的玉河到万宁桥，向西眺望什刹前海。然后再沿着玉河南侧领略玉河风光，向南一直到玉河庵。在玉河庵可以参观东不压桥考古遗址。参观后再往回（北）走，沿着玉河进到雨儿胡同，这是2014年初习近平总书记视察北京时与胡同居民交流的地方。沿着雨儿胡同，可以参观齐白石纪念馆。出雨儿胡同，右转回到锣鼓巷向南离开。如果时间充足，可以分别钻不同的胡同，寻找名人故居，领略北京胡同文化。当然，从南到北参观锣鼓巷是重点。锣鼓巷两侧是各色店铺，这些店铺多为传统建筑，在装饰上充满怀旧感。南锣鼓巷77号，也是锣鼓巷中最高处，存有民国初年测绘的一个水准点，是北京城市历史的记忆，也是一处文化遗存。锣鼓巷这个地方测的是50米的水准点。水准点为碑石，高一米，通体为汉白玉。来到锣鼓巷，一定要寻找到这个地方，否则就不清楚锣鼓巷的来历。锣鼓巷内原来有300多家店铺，经过清理保留下100多家有北京特色、传统特色、时代特色的店铺。

北京老城有北京第一家胡同博物馆，这家胡同博物馆位于东城区史家胡同，因此称为"史家胡同博物馆"。乘坐地铁5号线在灯市口站下车向东进胡同就能找到。胡同博物馆房子的主人是民国文化名人凌叔华。凌叔华出生于大户人家，父亲凌福彭是光绪年间与康有为同榜进士，历任清朝户部主事兼军机章京、天津知府、保定知府、顺天府尹代理、直隶布政使等职。凌叔华从小受家庭文化熏陶，六岁就在家中花园白墙上画画，喜欢画山水、花卉和人物。于是凌福彭找老师教她学绘画。在凌家中，齐白石、陈师曾等大家常为座上客。据说，她家举行的文化沙龙比林徽因的"太太书屋"还要早，是民国时期北京老城内有名的文化私人会所。后来，凌叔华认识了从英国留学回来的陈西滢。陈西滢第一次来找她，从正门走到后面的闺房，经过层层院落，先是由门房值班的佣人带着穿过正院、中院、后院，然后换女佣人领到后花园。陈西滢和凌叔华结婚后，父亲就把后花园送给凌叔华做嫁妆。这座后花园就是今天的胡同博物馆用房。后来，陈西滢作为联合国文化官员驻外，他们移居海外。1989年，凌叔华回来的时候已经90岁了，希望落叶归根的她提出"我想回家"。女儿说："这就是你的家呀"，凌叔华说："我家在北京，我想看白塔"。于是，她女儿买了飞机票，送她回来，到了北京就直奔北海公园看白塔。看到了白塔，她心满意足地笑了。然后，她又说："我妈

史家胡同博物馆中陈西滢去凌叔华家示意图

喊我回家吃饭呢",女儿问:"您的家在哪儿呢?",她说:"我的家在史家胡同 24 号"。陪护人员联系后得知史家胡同 24 号现在是史家胡同幼儿园。凌叔华老人归来时,看到幼儿园的小朋友们捧着鲜花在门口等,还叫奶奶,就像她小时候一样,非常高兴。后来,凌叔华老人就立遗嘱,说这房子只能做公益用,不能拿来赚钱。这所宅子就变成了北京老城第一家胡同博物馆。这家博物馆不收费,提供公益文化活动。现在,天天都有人去参观,了解老北京胡同文化。当地老百姓听说建立了胡同博物馆,也非常高兴,一些老住户还把自家保存的老物件捐献给博物馆。所以,在胡同博物馆里面的展陈有很多当地老百姓捐的老物件。

三 北京胡同内的四合院

四合院是北京城市文化的"细胞",也是北京城市的"金名片"。所谓四合院,就是四面有房子,中间有院子,被称为四合院。但是,在四合院前面加上"北京"二字就不一样了,就有了它独特的要求和标准。

北京的四合院大门一般开在东南方位,这个位置在八卦中为巽位。位置相当于北京老城的崇文门,崇文门的位置就在北京内城的巽位。巽位是个吉祥的位置。北京城属于北方城市,在漫长的冬季受西北风侵扰。西北风强悍,刮起来特别冷。于是,北京内城北面按照《周礼·考工记》应该开三个城门,便减少一个只开两个城门,而且与南城墙上的三个城门(正阳门、崇文门、宣武门)错开。这种布局是一种因地制宜的创新之举,目的是要让城市减少强势的西北风侵扰。这样的例子很多,例如,内城北城墙修建得高大、厚重;四合院北山墙修建的高大、厚重,不开窗户等。而到春季，东南风刮来，不仅温柔，而且时不时带来雨水。北方多干旱，春雨贵如油，东南来的风和雨水对北京城市而言就是财富、就是幸福。于是，北京四合院都把院门开在东南方位。

北京四合院还讲究大门外有影壁，大门内也能够看到影壁。门外的称"外影壁"，也称"街影壁"；门内的称"内影壁"。外影壁上一般刻有"吉"或"喜"，表示出门吉祥、出门见喜。就好像人们一出门，听见喜鹊叫，心里就高兴，精神就爽朗。门内的影壁一般刻有"福"字，而且倒着写，一进门，就看到福字，表示回家有福气，"福倒了"，谐音"福到了"。

进了大门，讲究的北京四合院，还有二门。二门在内院正中开，一般是垂花门，修得讲究，彩画也讲究，显得十分庄重与华丽。一般来客，只能在外院书房候着，因为二门是不能轻易闯入的。

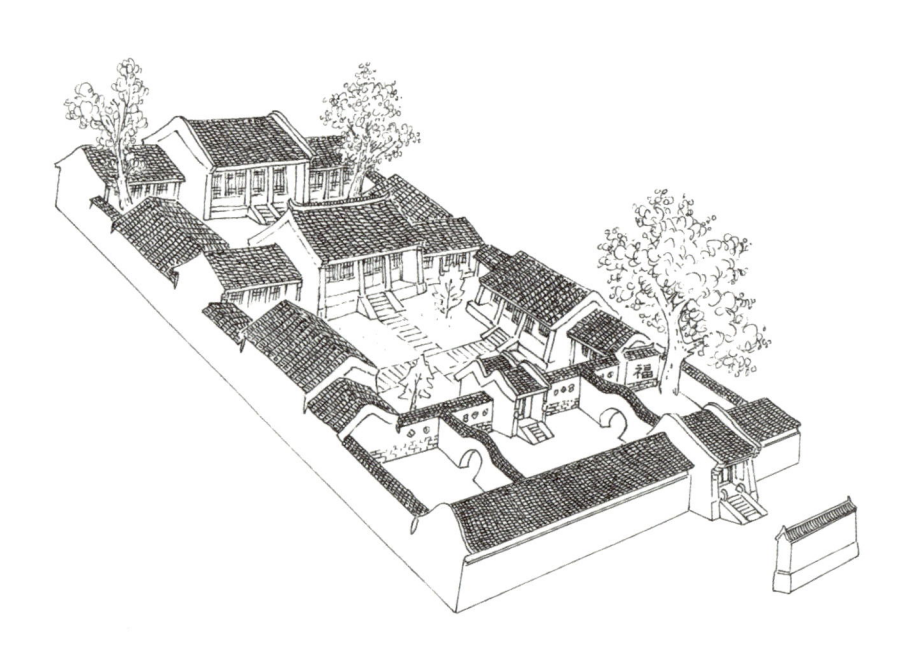

北京四合院建筑布局示意图

北京有句老话儿，叫"大门不出，二门不迈"，这是封建社会对家中女眷的要求。

进了二门，就是正院了，正中大北房是家中老爷住的，也就是一家之主。房子是一明两暗，即中间为厅堂（明堂），两侧为卧室、书房。在大北房两侧有抄手环廊，连接东、西厢房。东、西厢房由成年儿女居住。大的四合院还有后罩房，由长辈和其他家眷居住。更讲究的四合院还有后花园或东、西跨院，跨院内有假山，小桥流水，花草植被等，是供主人及家眷游览休闲的场所。

北京四合院门风格种类繁多。其中有王府大门（等级比较高）、广亮大门、金柱大门、如意门、南蛮门、西域门、骑墙门等。这些门观察时一定看门前的空间，空间越大，地位越高。一般广亮大门前留有半开间，金柱大门留有1/3开间，如意门等门前不留空间。在这些门中最具代表性的是如意门。如意门又分如意大门、如意门、如意小门。为什么叫如意门，就是门框上方有两个门簪，门簪上书写"如意"二字；如果有四个门簪，则书写"吉祥如意"。北京四合院院门大有讲究。人们一看院门，就知道院内主人的身份，家庭殷实情况。人们常说"门当户对"，就是通过对门簪和门墩儿以及门脸的观察，了解院内家庭情况。俗话说"都写在脸上"，就是说通过门脸透视院内主人的情况。一座四合院院外有影壁，说明宅子大，门口讲究，是大户人家。拴马桩、上马石、门框、门簪、门槛都能反映主人的身份地位。讲究的人家用铜铁皮将门下部包成宝葫芦形状或蝙蝠状，蝙蝠谐音就是福气。这种包门的工艺既加固门板，又呈祥瑞，在细节上透着传统文化。看北京四合院院门，最重要的是看门前的一副石头雕刻的门墩，据说圆形为战鼓，有威武之气；方形为书匣子，有文化之风；如果门墩上面还卧有小狮子，代表是权贵之家。由此可见，门脸中的门墩、门簪装饰太重要了，不仅区别习文尚武，还能看出家庭是否殷实和社会地位。再仔细观察门墩上的雕刻、花纹更是丰富多彩，出神入化。北京四合院门墩被誉为院落建筑文化精华，也是北京石刻文化中的精品。

北京四合院的门联也值得说道，这是四合院文化重要的展示。北京四合院的院门上要有一副门联，也称对联，最具代表性。特点是黑底金字，用传统的隶书书写，常见的内容是"忠厚传家久，诗书继世长"。这样的院落一般门脸比较朴素，但是家里人有文化，从门板上的门联看出家庭主人很有气质。如果门联是"松菊陶潜宅，诗书孟子邻"，则更有中国文人气质，是君子之风。

北京四合院的砖花也颇有讲究。如果雕刻的是荷花，寓意和和美美；如果雕刻的是牡丹，则寓意富贵吉祥。另外，北京四合院过年还贴门神。门神要贴两个，一左一右。两个门神分别是尉迟恭（敬德）、秦琼（叔宝），一个有"日"，一个有"月"，日出东方、月落西方，左为东，右为西，方位不能搞错。

北京四合院还特别重视生态环境建设，多树木花草，院内种树有石榴树、枣树、桂花、丁香、海棠等，表示主人有高雅志趣。另外，北京人最讲孝道，老人住在大北房，有抄手廊与厢房（儿女住房）连接，无论刮风、下雨，都不影响儿女去老人房间请安、端茶送水、嘘寒问暖。北京四合院设计也非常合理，中心是庭院，表示团结、有核心，房屋设计安排长幼有序，各有规矩。特别是连接房屋的廊道，不仅将正房、厢房、垂花门连成一体；又可以躲风避雨防日晒，还可以透风、休息。北京四合院里还会摆有金鱼缸，既有连年有余的美好寓意，又能带来湿润空气。因此，在北京四合院保护中，既要重视砖瓦修缮，还要注意那些非物质文化遗产保护。目前，北京的一些四合院已经开始挂牌保护，我们还可以进一步增强法制建设，也就是将有保护价值的四合院列为文物保护单位，以受《中华人民共和国文物保护法》保护。

北京老城、胡同、四合院是了解、学习、弘扬北京文化的基础，我们应该深入北京老城区、深入胡同、四合院，去挖掘和传承北京历史文化。

/ 谭烈飞

北京四合院的绿植

说到四合院，首先是这个院落四面都有房子，是四合的。四合院也称为四合房。四合院中最重要的就是正房，四合院院落里的其他房子都是围绕正房围合而成，正房东西两侧也有房子，正房相对的是倒座房，这样就形成了一个四合院。四合院的建筑要素，包括大门、门房、倒座房、影壁、垂花门、看面墙、正房、厢房、耳房、廊子、后罩房等等，有的大一点的院子，还有花园建筑。这些都是从它的外在形式上来认知的，其实，四合院建筑的理念，强调人与自然的和谐统一，强调建筑与自然的和谐，强调在自然环境中融入人的思想感情和精神世界，在建筑观上所展示的是自然与精神的统一，这些都基于一种文化精神，比如说热爱自然，尊重自然，建筑融入自然中，仿佛是自然的一个有机组成部分。"天人合一"的观念在四合院的建筑中得到了充分的体现，天人合一的建筑思想是中国建筑的核心内容，其还包括人的审美观、伦理观、价值观的结合，人既要顺应自然的发展与自然和谐相处，同时又要符合伦理规范的要求，力求营造一个适合生存的环境，家庭和睦，子子孙孙繁衍发展。四合院中的植物种植，从某些方面而言是与四合院融于一体的，也就是说院中的树木花草是四合院文化与生活不可或缺的一部分。

一、四合院中树木花卉的特点

天人合一，强调自然和人合二为一，还充分地体现在四合院的植物种植、选配和绿化上。四合院内，所追求的是生机和活力，必然有绿植。

从人与自然的角度认知四合院，必不可少的要说到四合院绿化。北京四合院内，所追求的生机和活力，很大程度上是通过庭院内的环境美化和绿化来实现的，四合院选择适宜的植物品种，既有各种树木也有各种花卉。

四合院中的树木花卉是院落的重要组成部分，树木和花卉的选择具有以下几个特点：一是适应北方气候环境的需要，季节感明显；二是不破坏四合院内的房屋建筑；三是有美化环境的效果；四是树木花卉名称的谐音往往要有美好寓意；五是不宜有病虫害和易生对人有伤害昆虫。树木的品种基本上都是落叶、矮小的乔木和灌木，多数属于"春华秋实"（春花秋实）型，即春天

四合院的绿化

的时候它们开花，此谓"春华"，可以美化庭院的环境，使庭院当中春意盎然，足不出户尽得春意。秋天的时候它们结果实，此谓"秋实"，院内果实累累，一派丰收景象，而夏天的时候可以乘凉。有些较大的四合院，还有另辟的花园儿。有的还常常在这个小院正中央摆上鱼缸，这是四合院里面非常常见的一个景。这些四合院里面的花草树木藤蔓，既美观又有吉祥的寓意，成为一种子孙昌盛的象征，比如说海棠，它就是春华秋实。海棠和玉兰合在一起就叫作玉堂富贵。有些院落会种植一些丁香树，在开花的时候花香四溢。也有一些院落会种葡萄，搭建葡萄架，既可以纳凉，又可以吃果子，品尝自己种出果实的美味。还有院子外面的槐树、杨树，院内的枣树，这些都是老北京非常常见的一些树木。至于花草就更多了，常见的茉莉花儿、凤仙花、死不了花、牵牛花、扁豆花儿等。这些都是在院子里面绿化上用得比较多的。

宋庆龄故居就反映了院中绿植的特点，整个院子草木苍翠茂盛，花草树木给院子增加了无限生机。古代类似这样的院子里面种花草的非常多，过去我们说一家的女性是"大门不出二门不迈"，为了改变院子枯燥的生活环境，给生活带来丰富多彩环境，就只能在院子里面下功夫了。现在一些比较大的四合院里面的树木都很茂盛，是数十年、甚至上百年培育的结果。

二 四合院树木的选择

■ **槐树**

说到北京的植物，首先会想到槐树，它是北京的市树。而四合院内很少种植，因为它过于高大，一般的院落很难容下它，槐树多种植在四合院外。在院外北京人往往喜欢种一些高大的落叶乔木。在民国以前主要是种槐树、榆树，我们现在看到的杨树都是后来种的。杨树开花的时候，杨絮纷飞，有可能引起火灾，并不是城市里理想的绿化植物。而槐树比较适合城市街巷种植，如今我们看到的槐树，大多是过去种植的，它高大的枝木和树冠有景观的作用，还可以调节小气候。现在可以看到有些有高大树木覆盖的胡同，它有树荫，会显得非常幽静，创造了很美好的意境。北京有一谚语就是说："有老槐必有老宅。"如果院内有种植槐树的，一定是深宅大院了，需经得起高大槐树在院子里生根，对房

成贤街的古槐

子的建筑没有影响才行。《帝京景物略》记载了明代成国公家的一棵古槐：

> 堂后一槐，四五百岁矣，身大于屋半间，顶嵯峨若山，花角荣落，迟不及寒暑之候。下叶已兔目鼠耳，上枝未荫也。绿周上，阴老下矣。其质量重远，所灌输然也。数石经横其下，枝轮脉错，若欲状槐之根。

槐树的种植有很大的成分是寄托着对祖籍的怀念，在民间一直流传着这样的民谣：

> 问我祖先来何处？山西洪洞大槐树，问我老家在哪里？大槐树下老鸹窝。

通州张家湾的古槐

说的是明代山西移民的历史。元末山西洪洞县城北广济寺旁驿道边有株"树身数围，荫遮数亩"的汉槐，明洪武、永乐年间屡徙山西民于北平、山东、河南等处，树下为集会之所。明初鉴于长年战乱，中原荒芜，朝廷多次组织将山西之民移往各地。当时山西洪洞县人口稠密，地处交通要道，故移民尤多。每次移民多在深秋，官府在广济寺"设局驻员"，凡移民，都要集中在这里登记造册，"发给凭照、川资"，从这里编队迁送。据传说当时明朝官府广贴告示，欺骗百姓说："不愿迁移者，到大槐树下集合，须在三日内赶到。愿迁移者，可在家等待。"人们听到这个消息后，拖家带口、熙熙攘攘，纷纷赶往古槐树下。到了第三天，大槐树下聚集了十几万人。突然一大队官兵包围了大槐树下的百姓，官员宣布了大明皇帝的敕命，"凡来大槐树之下者，一律迁走。"由于是强迫性移民，所以移民们在这里被迫登上了离乡背井的征程，他们拖儿带女，扶老携幼，渐行渐远，只能看见大槐树和大槐树上的老鸹窝。因此，大槐树和老鸹窝就成了移民惜别家乡的标志。槐树也就成了移民们怀祖的寄托，所以移民们到达新地建村立庄时，多在村中最显要的地方，如十字路口、丁字路口或村口种植上一棵槐树，以此表达对故土祖先的怀念之情。如今北京地区是世界上保存古树最多的古都，而槐树是其中最大的组成部分之一。北京城区内东城区的国子监一带、锣鼓巷一带、东四一带，西城区的护国寺、西四一带的四合院前还较为集中保留有古槐树，而这些地方正是元、明、清三代以来保持了格局没有大变动的地区之一。在宣南的康有为故居中，有一个独立的小院，院内有七棵古槐，康有为称其小院为"七树堂"。康有为就是在七棵古槐的浓荫下，给皇帝上书变法，和梁启超、谭嗣同等商议变法。研究"红学"的都知道，曹雪芹的好友敦敏的故居在西城的西南角一带，故居内因有古槐，而叫"槐园"，但是这个地方，槐树很多，"敦敏槐园在何处"，现还是红学界的一个谜。北京郊区的村落中，不仅保留了大量老四合院，而且与四合院相伴的老槐树也很多。位于密云古北口河西村后街的晓凤农家院旁边，就生长着一颗老槐树，有几百年的历史，至今依然枝繁叶茂，鸟雀盘踞，现为国家一级保护古树。居住在古北口的村民，每逢过年，都要来此祭拜，以祈求家庭和睦安康，生活风调雨顺。在古运河旁的通州张家湾，也有一棵 600 余年的老槐树被百姓供奉，成为一种心灵的寄托。

■ 海棠树

　　海棠在北京四合院院内的种植也很多，算是一种比较常见的种植树木。海棠属于蔷薇科落叶小乔木。

海棠栽种的位置多为四合院的正房或正堂的东、西次间前面，对称种植两株。海棠树有富贵、兄弟和睦的寓意，海棠花则有美女的意思。另外，老北京经常将院内鱼缸内的金鱼与海棠相联系，谐音"金玉满堂"。在北京的历史上也有很多与海棠有关的记载。比如元代住在大都（今北京）的戏剧家王实甫在《西厢记》第三本第二折中写到张生"欲赴海棠花下约，太阳何苦又生根？"这里以"海棠花下约"代指与佳人约会。在《日下旧闻考·物产》引《陜志》道："京师多海棠，初以钟鼓楼东张中贵宅二株为最。嘉（靖）隆（庆）间，数左安门外韦公寺。万历中，又尚解中贵宅所植高明。"明代《燕都游览志》里面记载：

张公海棠二株，在钟鼓楼东中贵张宅，元时遗物。丛本数十围，修干直上，高数丈，下以朱栏陪之，参差敷阴，犹垂数亩。

还有诗留存："解家海棠帝苑边，开时马车日喧闹"以形容赏海棠花的盛况。这是当时非常有名的海棠。清代著名学者纪晓岚的故居中，后院仍保存着当年种植的海棠。纪晓岚故居阅微草堂在虎坊桥迆东路北，200年来，随着纪晓岚的《阅微草堂笔记》而流芳千古的阅微草堂后院这株海棠，已有两三丈高，根部以上分作两杈，都有大碗口粗细。这样的古树，在北京市是不多见的，据说是纪晓岚当年手植。这棵海棠树，曾经记录纪晓岚与婢女文鸾的一段美丽凄婉的恋情。纪晓岚少年时曾与其四叔家的婢女文鸾相恋，两人情趣相投，都酷爱海棠。情窦初开的一对恋人，一次在乡下海棠树下玩耍，情动处互为誓盟，订下终身，文鸾要纪晓岚先博取功名再回来娶她。谁知，二人命途多舛，文鸾兄长不

郭沫若故居的海棠

肯同意他们的婚事，棒打鸳鸯散，文鸾为此忧思成疾，香消玉殒。纪晓岚深知文鸾最喜海棠，在京城有了宅院后，便亲手栽种下两棵海棠。多年后，纪晓岚忽南柯一梦，梦见与文鸾一起在海棠树下卿卿我我。醒来，他独自来到海棠树下，感慨万端，写下一首《题秋海棠》的诗：

憔悴幽花剧可怜，斜阳院落晚秋天，词人老大风情减，犹对残花一怅然！

如今，院内海棠仅保留下来一棵。今人看到这株海棠树，自会想起这位风流才子的爱情故事。院子甬道东西草坪内，纪晓岚看书，婢女文鸾在一旁弹琴的塑像，就是这个故事的再现。

名人故居与海棠相伴的很多。李大钊在北京西城区的旧居内也种植有海棠树，李大钊一家在石驸马大街后宅胡同35号住的时间最长，从1920年春季一直住到1924年1月。1920年初，李大钊在北京，租赁了石驸马后宅35号（现西单文华胡同24号）院居住，这是一座三合院，大门坐北朝南。正房三间，是卧室、餐室和子女读书处，东厢房为往来亲友居住，三间西厢房是李大钊的书房与会客的地方。院内有海棠树3株，院子南边是花畦和盆花。李大钊在繁忙工作之余，亲自栽培花木，环境因此幽雅整洁。东城区史家胡同的章士钊旧居院内的海棠和西城区的郭沫若旧居内的海棠至今仍然茂盛，宋庆龄故居原来是"清代第一词人"纳兰性德家的府邸花园，院中高大粗壮的西府海棠传为纳兰性德亲植，如今已经300多岁。

石榴

石榴树也是北京一种比较常见的种植树木。石榴树对于老北京而言，就有一种特殊的意义在里面，人们都知道"天棚、鱼缸、石榴树，先生、肥狗、胖丫头"是北京人曾经的理想生活状态，或者说是一种理想的生活追求。石榴树就在其中，是理想生活中不可或缺的。北京人之所以喜爱石榴，既源于本身的特点，又与其外在的形态有关。石榴具有独特的花、叶、枝、干、果实等形态特征以及春华秋实、多籽等特性；石榴还极具观赏价值，并被赋予诸多象征意义。石榴被人们视为吉祥果，为团圆、团结、喜庆、红火、繁荣、昌盛、和睦、多子多福、金玉满堂、长寿、辟邪的象征。常言道，人间四月芳菲尽，而进入五月，就更加显得"绿肥红瘦"。可五月的石榴，却繁花似锦。如火的榴花，似乎是在和五月的骄阳媲美。石榴花选择在这芳菲殆尽的初夏季节盛开，给单调的绿色世界，平添了一道靓丽风景。石榴花，开得特别艳丽，明代蒋一葵的《燕京五月歌》：

> 石榴花发街欲焚，蟠枝屈朵皆崩云。千门万户买不尽，剩将女儿染红裙。[1]

据说石榴裙就是这么来的。

石榴本是舶来品，元代诗人马祖常，在他的《折枝石榴》中写道：

> 乘槎使者海西来，移得珊瑚汉苑栽。只待绿荫芳树合，蕊珠如火一时开。

诗中诠释了石榴原产于海西（现在的西亚伊朗），并盛赞它适时而发、存本求真的品格，在"绿荫芳树"中"蕊珠如火"的艳丽。北京地区认知石榴的历史，据说可以追溯到辽南京时期。2015年3月，大兴区黄村镇三合庄村发现一处辽代墓葬群，墓里有反映墓主人生前生活的"石榴"壁画。画面当中的一个碗里放了很多石榴。经考证，此墓系辽中期墓葬，即辽景宗、圣宗和兴宗时期，也就是公元969～1055年，由此可见，近千年前的辽代南京（今北京西南部）已有石榴这种水果。[2]

---

[1] ［明］蒋一葵：《长安客话》，北京古籍出版社1982年版，第10页。
[2] 户力平：《"天棚、鱼缸、石榴树"：九月解读老北京的石榴情结》，北晚新视觉，2015年9月10日。

四合院与石榴树

我们在编纂《北京四合院志》的时候把更多的精力放在了建筑上，忽视了院内植物的记述，在留下的图片中，可以领略到很多院子里种植着各种石榴。据说北京人以"三白石榴"为最佳，被视为石榴中的"上品"。三白石榴是指花瓣、果皮和籽粒都是白颜色的，故名为"三白"。成熟后果大、皮薄、色鲜、汁甜、饱满，味道特别纯甜，又称为"冰糖石榴"。而多数人家的院子里多种植红石榴，又称"四瓣石榴"，颜色鲜红，尤其是有绿叶相衬，观赏性较强，就是果味发酸，远不如"三白石榴"甜。

北京的石榴品种很多，可谓是千姿百态、异彩纷呈。除了直接栽在地上的用来吃的三白冰糖水晶石榴、灼若旭日的四瓣红石榴外，还有种在花盆里专门用来观赏的月季石榴，一年四季都开花；另外还有墨石榴也是用来观赏的，枝细叶嫩、颜色紫黑，相当别致。老北京人特别钟爱石榴，喜欢在四合院里栽种，更多是喜欢石榴的象征意义，籽多，象征多子多福，红红火火的日子。籽多的果子很多，为何单单这石榴与四合院这么结缘呢？道理在于它还有一层寓意，就是石榴"千房同膜，千子如一"，千百颗籽粒和睦有序地团聚在一个果实里，象征了一家人团团圆圆地住在一起。有老北京人谈及品尝石榴的感觉：一个个拳头大小、圆润饱满的大石榴压弯了树枝，像一颗颗涂了蜡的宝石球随着阵阵秋风摇来摆去，让人看了垂涎欲滴。每次总是房顶上的石榴最多，总要用梯子爬上去摘，有时候客人高兴，就让他们摘着玩。那石榴皮很薄，只要轻轻一掰，就可以看见一颗颗晶莹剔透、排列整齐、玛瑙般粉中透白的颗粒了。抠出几颗放进嘴里，顷刻间，那酸甜甘爽，带着一丝不可思议的奶味儿的汁液顺着牙缝一直渗进心里，味道别说多美了。

丁香

在北京院落里面也有种植丁香的。丁香虽不及石榴和海棠数量大，但也是传统四合院内绿化常见的一个品种。在春暖花开的赏花时节，到北京法源寺赏丁香是很有名的。法源寺的丁香号称香雪海，曾与崇效寺牡丹、恭王府海棠一起并称京畿三大花事。法源寺寺内庭院种植的丁香，不但数量繁多，而且品种、花色各异，除了中国原产的华北紫丁香及其变种白丁香以外，还有传说中郑和下西洋时从南洋马鲁古群岛带回来的洋丁香，据说叶片、花瓣与香气都是独一无二的。从清代开始，就有诗人相约，聚于法源寺举行"丁香大会"的记载，文人墨客在这里吟诗作对，盛景大约与《红楼梦》里的海棠诗社的情形差不多。丁香不仅花香四溢，还由于其名字"丁香"有后代兴旺发达、香满人间的寓意，同时丁香在古代也有美女的含义，故而受到了老北京人的青睐。在北

鲁迅故居丁香

京四合院中最著名的丁香，就要数鲁迅故居的一棵紫丁香和两棵白丁香了。这三棵丁香为鲁迅先生亲手所植，丁香已长成枝叶茂密、花叶丛生的大树了。就在鲁迅故居北边的一条胡同里，也有一个小院，院内有两棵已上百年的丁香，开黄白色的花，其花香浓烈。

■ 枣树

枣树在北京的四合院中也是种植比较多的树木。在南城成片拆迁的区域，房子平了，留下了成片的枣树，近乎于枣树林。北京四合院有些枣树已经上了年头，现存几十棵明代的古枣树。而清代的古枣树则比比皆是，很多院子里的古枣树都在百年以上。北京自古以来就有种枣树、食枣的记录，早在秦以前的燕时，"燕有鱼、盐、枣、栗之饶"[1]"枣栗之利""民虽不佃（田）作，枣栗之实，足食于民。"[2] 北京地区枣的品种极为丰富，清代潘荣陆所著的《燕京岁时纪胜》中就有"都门枣品极多，大而长圆者为璎珞枣，尖如橄榄者为马牙枣，质小而松脆者为山枣，极小而圆者为酸枣。又有赛梨枣、无核枣、合儿枣、甜瓜枣、外来之密云枣、安平枣，博野、枣强等处之枣"的记载，震钧在《天咫偶闻》中还对北京的枣进行了分类：

有戛戛枣（嘎嘎枣）、璎珞枣、坛子枣、老虎眼酸枣、白枣、黑枣、壶卢枣。

位于西单石虎胡同原"驸马府"院内还有一株古枣树被誉为"京城第一古枣"，这棵巨大的古枣树高达10米，干周长达2.9米，为明初所植，距今已600多年，很多资料把它视为北京的"古枣树之最"。与此同时，东城区花市枣苑社区内，发现一株号称820岁老枣树，树高20多米，树围7米多。东城区演乐胡同一住户院内，也有一棵树龄有500～700年的枣树，树干的直径据说超过了1米，在古枣树的前三甲之列。在北京的很多名人故居中都植有枣树。像文天祥祠、于谦故居、鲁迅故居、老舍故居、杨昌济故居、田汉故居等都有种植枣树。在北京的古枣树中，最著名的一棵就

---

[1]《史记·货殖列传》，岳麓书社1988年版，第935页。
[2]《战国策·燕策一》，上海古籍出版1985年版，第1039页。

要数文天祥祠里的古枣树了。文天祥祠位于府学胡同，院内的这株古枣树树高9米，冠幅达7米多。相传，这株枣树是文天祥被囚时亲手栽种的，他在被杀前曾面南而拜，这棵古枣树的主干也向南倾斜，人们附会说，这是文公的"臣心一片磁针石，不指南方势不肯休"的爱国之情。在鲁迅故居的前院和后小院的通道处，有两棵古枣树。先生在散文名篇《秋夜》的一开头就写道：

在我的后园，可以看见墙外有两株树。一株是枣树，还有一株也是枣树……

东城区豆腐池胡同15号是杨昌济故居，杨昌济被蔡元培（时任北京大学校长）聘为北京大学教授，全家从湖南迁居至此，毛泽东第一次来京时，与蔡和森曾在此住了约一个多月的时间。一进院中的一株枣树，见证了一段不平凡的历史。

■ 柿树

柿树和枣树是旧时北京四合院里最常见的两种树。柿，有"柿（事）柿（事）如意"之美好的寓意，齐白石等一大批画家都愿意以此作画表达美好的祝愿，就柿树而言，还有"七绝"，即：一多寿、二多荫、三无鸟巢、四无虫蠹、五霜叶可玩、六佳实可啖、七落叶可临书。所以过去在北京的四合院里种植柿也是一种偏爱。现在在老舍故居、梅兰芳故居等处，都种有柿树。老舍的故居在东城区灯市口西街的富强胡同19号，其北院的正房前，高矗着两棵柿树，是老舍先生在刚搬进小院时种植的。在每年的深秋，红灯笼似的大柿子挂满枝头，使人有秋意无限的感觉。老舍的夫人胡絜青女士是画丹青的高手，她每年深秋都要在柿树前画柿子，并给自己的小院起名"丹柿小院"，后"丹柿小院"就成为老舍故居的代名词。老舍先生的女儿、老舍纪念馆馆长舒济说到这两棵柿树的时候说：

种的时刻只有大拇指粗，不到10年，树身直径已超过大碗。春季柿花开时，招来能酿花蜜的昆虫数千只，全院一片嗡嗡声，重如轰炸机。秋季满树硕大的果实，十分壮观。

柿子树

梅兰芳故居在西城什刹海畔护国寺街,这是一座典型的二进四合院,在里院正房前的两棵高大柿树,是梅先生在1951年进住时所植,梅先生经常在柿树下起舞练剑或念白清唱。徐志摩故居也种有柿树。徐志摩先生曾住在北京市西城区西单路东石虎胡同的一处明清府邸里。这里分东、西两路大院,徐先生就在东路院的一个名叫"好春轩"的四合院内住过。他十分喜欢院内的几棵柿树,还在诗作中写过它们。有趣的是,徐先生所住的四合院被传是凶宅,有人劝他搬出此院,徐先生却笑着说:我住此院,有柿树为伴,事(柿)事(柿)如意。

三 四合院花草的选择

北京有个有名的胡同，地处西城区的新街口内，名百花深处。胡同几曲回折，庭院深深，两旁花团锦簇。相传明万历年间，一对张氏夫妇于此购得十几亩田地，勤勤恳恳，种些瓜果菜蔬，转年又种得芍药、牡丹等种种花卉，几年辛苦经营，使得这片田园，春有牡丹夏有荷，秋有菊花冬有梅。引得京城内众多的文人雅士纷纷来到此处，赏花饮酒，赋文唱和，并给这里起了这么一个好听的名字。后来形成了民居街巷，留下了以百花为名的诱人名称。

在北京的四合院中，花草是必不可少的，与古板的灰色建筑形成反差，带来了无限的生机和活力。旧时大型的四合院像王府和大户人家，都要种牡丹、玉兰、海棠和桂花以示"富贵满堂"之意。在春天观玉兰、海棠、牡丹、芍药等，到金秋则赏菊花、桂花等。过去富贵人家还有在春节赏牡丹的习惯。这些盆栽草木，大者栽在特制大木桶中，小者种在陶制或瓦制花盆里。主要的花草种植各具特点。

■ 月季花

月季被称为花中皇后，又被称为"月月红"，常绿或半常绿低矮灌木，四季开花，多红色，偶有白色，可作为观赏植物、药用植物，也称月季花。中国是月季的原产地之一，因其花色红艳，十分喜庆，因此有月月红火，四季花香的含义。月季被老北京人所喜爱，也因此成为北京市的市花。北京天坛的月季最有名。天坛是世界文化遗产，天坛种植的月季品种繁多，声名很高，天坛有一个园艺师是北京市劳动模范，就被称为"月季大王"。栽种月季在北京已经有历史了，明《帝京景物略》载：

凡花历三时者，长春也，紫薇也，夹竹桃也。

长春就是月季，明代翰林王象晋所著《群芳谱》称：

月季一名长春花，一名月月红，一名斗雪红，一名胜红，一名瘦客。灌生，处处有，人家多栽插之。青茎长蔓，叶小于蔷薇，茎与叶都有刺。花有红、白及淡红三色，逐月开放，四时不绝。花千叶厚瓣，亦蔷薇类也。

月季因其花开三季，且具有顽强的生命力，被视为"长春之花"。我们看到在四合院的雕刻艺术上最常见的是宝瓶上插着月季花，乃"四季平安"之意。

■ 藤蔓植物

北京四合院的主要藤蔓植物有紫藤、葡萄、葫芦等。这些藤蔓植物，一方面适应北京的气候，另一方面都被赋予了特别美好的寓意。比如说紫藤，又称藤萝、朱藤，属于豆科植物，是我国最著名的棚阴植物，也是北京四合院的又一种特色绿化植物。紫藤多种植在里院书房前，炎热的夏季，人们在藤萝架的浓荫下乘凉，顿感进入清凉世界，暑汗全无。北京历史上文人爱藤，他们不但在诗词中咏藤，而且在自己居住的宅院中种藤。现在最著名的一棵就是纪晓岚故居门前的紫藤。纪晓岚在《阅微草堂笔记》中描写到此藤："其荫覆院，其蔓旁引。紫云垂地，香气袭人。"这里后来被开辟为"晋阳饭庄"，无数文人墨客慕名而来，既可在紫藤架下"与古人对话"，又可以品尝到美食佳肴。老舍先生在这里吃饭时留下了："驼峰熊掌岂堪夸，猫耳拨鱼实且华。四座风香春几许，庭前十丈紫藤花"的诗作。古代的文人爱藤，北京宣南古代文人故居中多有名藤，在宣南的海柏胡同（又名"海波胡同"，因有古刹海波寺而得名）的孔尚任、朱彝尊故居等都有名藤。孔尚任的故居自称"岸堂"，孔公有句："海笔巷里红尘少，一架藤萝是岸堂"。朱彝尊故居的紫藤垂窗，故书房名"紫藤书屋"。纪晓岚《阅微草堂笔记》记载：

> 京师花木最古者，首给孤寺吕氏藤花……藤今犹在，其架用梁栋之材，始能支柱，其阴覆厅事一院……花时如紫云垂地，香气袭衣。

四合院中的葡萄架

鲁迅先生从南方来到北京后,第一处故居是宣南的绍兴会馆中的一个小院,因小院内有一棵古藤,所以小院名"藤花馆"。

北京四合院中的古藤,见诸文字记载之外很多也有名气,比如在宣南大栅栏地区大安澜营胡同22号的四合院中有一株树龄达400多年的古藤,就常招来慕名观赏者。

此外,北京四合院里面种植葡萄的也很多。夏天葡萄架下既可纳凉消暑,又可以品尝美味的果实,而且葡萄籽也有一种多子多孙的美好寓意。

北京四合院种葫芦的也比较多。葫芦在北京的四合院里是非常受欢迎的一个品种。葫芦的谐音就是福禄,它也是富贵的象征,代表着吉祥如意。葫芦里面的瓜瓤非常多,所以它也有一个美好的寓意,就是子孙万代吉祥。

时令花卉

北京四合院还有一些时令花卉的种植，以牡丹、菊花、荷花、芍药、兰花最为常见。牡丹和芍药，实际上是同科同种，牡丹是百花之王，花型雍容华贵，寿命也很长，有富贵的美好寓意。北京地区种植牡丹，可以追溯到辽南京时期，有辽皇帝在长春宫观牡丹的记载。[①]明代蒋一葵的《长安客话》也称："卧佛寺多牡丹，盖中官所植，取以上贡者。"据传，牡丹为"国花"之称始于明，清代吴长元著《宸垣识略》记载：

草桥在右安门外十里，有莲池，香闻数里。牡丹芍药栽如稻麻。

牡丹在古代受到上至达官显贵、下至普通百姓的喜爱，北京四合院里面也经常种植牡丹，它是富贵吉祥的象征。戴璐《藤荫杂记》卷六记载：

程篁墩谓京师最盛曰梁氏园。园之牡丹、芍药几十亩。

同样，《日下旧闻考》卷六十一也记载：

京师卖花人，联住小城南古辽城之麓，其中最盛者曰梁氏园。园之牡丹、芍药几十亩。每花时云锦布地，香冉冉闻里余，论者疑与古洛中无异。

---

①《辽史·圣宗本纪》：统和十二年（公元994年）三月"壬申，如长春宫观牡丹"。

芍药是与牡丹并名的姐妹花，它们的花形非常相像。明代文震亨撰《长物志》称：

牡丹称花王，芍药称花相，俱花中贵裔。

北京丰台地区盛产芍药，丰台芍药尤其受到北京人的喜爱。清代汪启淑的《水曹清暇录》载：

丰台芍药妙绝天下，瑰丽实过鼠姑，浓芬馥郁亦鲜其俦，且性耐久，不似钱塘、苏台、邢沟材地柔弱，午时欲睡，洵是妙品。

由于芍药的美誉和产地的原因，从而成为北京四合院内盆栽代表品种之一。

再有菊花。菊花被古人称为花中隐者，代表了清雅淡远的气质。在古代菊花又有吉祥、长寿的含义，因而受到了文人的推崇，因此菊花成为北京四合院栽种的重要的品种。晋代大诗人陶渊明"采菊东篱下，悠然见南山"的名句，成为以菊言志的代表。

荷花是原产我国的植物，至今有3000多年的历史。《诗经》有"隰有荷花"之记。古人曾称其为芙蕖、芙蓉、水芝、水芙蓉、草芙蓉等。观赏性荷花有粉、白二色，清新淡雅，亭亭玉立，素有凌波仙子之美誉，它被古人赞为花中君子，其出淤泥而不染，濯清涟而不妖，代表一种高洁的精神。北京的四合院，由于缺水，所以不可能在荷塘里面种荷花，聪慧的北京人在鱼盆或鱼缸里面种几枝莲花，成为自己生活中的点缀，为灰墙灰瓦的北京四合院

宋庆龄故居的荷花

平添了几分雅致,所以就形成了金鱼戏荷莲的情景,它就寓意着年年(莲莲)有余(鱼)。

兰花,被誉为花中的君子。据《孔子家语》记载,孔子认为:

与善人居,如入芝兰之室,久而不闻其香,即与之化矣。

《孔子家语》中还记载了孔子对兰花的评价:

> 芝兰生于深谷，不以无人而不芳；君子修道立德，不以困穷而改节。

屈原在《离骚》中多次借兰言志，表达他的高尚情操。兰花的品性寓意被历代广为借喻传衍，成为广受欢迎的一种花卉品种。在北京的四合院中，兰花有的就直接放在屋内，花开时节，淡淡的幽香沁人心脾，为主人增添了高雅之气。

玉兰也是四合院常见的植物，代表着报恩，寓意子女的孝心，希望住在四合院的子女会孝敬父母。玉兰还具有观赏价值，是很好的防污染绿化树种。

除了直接栽种在地上的花草树木外，四合院人家还会在案头、几桌摆上雅致的水仙、文竹、金桔、吊兰、秋海棠、朱顶红、龟背竹等名贵草木，以备四季赏玩。

四 北京的私家园林

在一些达官显贵的四合院中，还特意开辟建设了私家园林。史籍所见北京最早的私家园林，是建于辽代会同三年（940年）以前的赵延寿"别墅"。金代有刘姓公子在御园西北隅所筑小圃——临锦堂。元代的私家园林有了进一步发展，至明代北京的私家园林发展到了一个高潮。明代北京有私家园林60余处，主要分布在泡子河、积水潭、金鱼池和海淀丹棱沜等水域附近。清代更是在明代的基础上将北京私家园林推上了顶峰，清代有宅园160余处。王府花园是北京第宅园林的一个特殊类型。据《道咸以来朝野杂记》记载：

> 京师园亭以各府为胜，如太平湖之旧醇王府、三转桥之恭王府、甘水桥北岸之新醇王府，尤以二龙坑之郑王府为最有名。
> 闻当年履亲王府之园亦甚美，以地处东北隅，荒废已久，后

遭回禄，一切皆毁，久付之荒烟蔓草中。

民国时期也建造了部分园林。

这些私家园林很多都是依附住宅建造，视为宅园，目前北京现存的私家园林有40余处，主要分布在东城、西城和海淀，保存基本完好的有成王府园、恭王府园、可园、达园、双清别墅等10处；园林景观大部分保存尚好的有涛贝勒府园、阅微草堂等。

北京私家园林的造园艺术追求精巧，并要富于文学情趣。在私家园林的建设中有几个要素，第一，必须有山石；第二，必须有树有水；第三，必须有厅堂；第四，要有亭台楼榭。

私家园林中的绿植，基本上与一般四合院所种植的植物差不多，但也有差异，私家园林的花木，发展到竹、松、柏、梧桐、槐、

崇礼住宅花园

柳、榆桑、楸、朴、牡丹、碧桃、梅、杏、梨、海棠、石榴、芍药、苹婆、奈子、杜梨、兰、荷、菊等。明代注重古树、花木，甚至蔬菜，创造野趣。有文献记载成国公适景园的古槐，树干比半间屋子还大，树冠嵯峨如山；韦氏别业古奈子树，枝叶纷披，覆盖数亩，春时花开，望之如雪，树下空阔可容数席；袁伯修的抱瓮亭以蔬菜入庭园，空地皆种蔬菜，宛似村庄。一般在四合院中不种的高大杨树、松树、柏树也在园中现身。

私家园林的植物与造园建筑景观的配合达到了浑然一体的程度，相映成趣，相映生辉。以那桐府花园为例，其位于东城金鱼胡同，为宣统间大学士那桐的府邸花园。那桐府分东、西两个部分，西部为府邸，东部为花园，一般称其为那家花园。那桐府大门以内，东西各有一座院落。东部为一小院，院北有游廊，游廊正中为方亭，穿过方亭即为花园；西部为设有厅堂的一组院落，其东北有曲廊与花园相连。花园东、南、北三面建有围廊，园西北端筑高台，廊南连接一座半圆亭。花园中部、西部为池，东部为山。水池面积约 0.02 公顷，池周点缀以山石。山用青石叠筑，高约 4～5 米，山东麓有一座六角亭。山顶有两座平台，登临山顶可俯瞰全园景物。池西太湖石环绕的高台上有一座勾连搭卷棚悬山建筑，南北两端连接叠落廊。园之西南隅有一半圆亭，与台上建筑相呼应，也是由西面府邸进至花园的入口。水池正南有曲廊和方亭，既是前院的一个组成部分，又是花园内的观景建筑。花园内植有合欢、海棠、丁香、山桃等花木，春夏秋三季均有名花可赏。民国元年（1912 年），孙中山应袁世凯邀请来京，共逗留 25 天，曾三临那桐府花园。《燕都丛考》作者陈宗蕃的淑园在米粮胡同，有大木数章，荫可蔽亩，间以松、槐、榆、柳等树，桃、杏、李、梨等果，

四合院内的花园

海棠、玫瑰、紫薇、芍药等花，并将余土堆积为小山，辟小池荷花，园内还有菜圃，杂植瓜豆等蔬菜。

人与自然的和谐相处，最重要的媒介就是花草树木，它无论是在物质上，还是精神上都带给了人们一种高尚的又实实在在的享受。我们在认识与保护北京历史文化时，一定要对这些有生命的植物高度重视，这也是北京历史文化的重要组成部分，我们要认真发掘它的价值。

北京琉璃厂文化街与文化名人轶事

/马建农

"琉璃厂文化街"——北京南城一个蜚声海内外的文化街区，在这里聚集着众多以经营古旧书刊、文献典籍和传统字画、文房四宝、碑帖尺牍、古玩珠宝等中国传统文化用品的店铺。每当一提到它，人们自然联想到那风格独特的斋、堂、阁等仿古建筑，形态各异的店招幌子，充满文化凝重气息的老店匾额，令人神往。漫步在方砖墁地的琉璃厂，环顾两厢，清雅逸俊、鳞次栉比的店肆，顿觉韵味无穷。流连于坊肆之中，古代典籍、金石篆刻、文房四宝、古董珍玩琳琅满目，使人沉浸在东方文化的魅力之中。由此，琉璃厂被视为中国传统文化的窗口，有"中国博物馆街"的美誉，被文人学士视为安身立命之所。甚至有的学者将这里经营古旧书刊的书店和销售文房用具的店铺称为"开架的图书馆""免费的博物馆"。数百年来，这里曾经集散、保护和流通了不可估量的文化财富，成为中国传统文化物质载体的"聚宝盆"，在北京的历史文化发展史上显示出特有的文化作用。

北京琉璃厂之所以能成为传统文化商品的集散地和展示窗口，而且今天被视为北京城重要的传统文化展示街区，不仅仅是因为这里经营着琳琅满目的传统文化商品，更在于它所拥有的丰厚的文化内涵。琉璃厂作为清代以来北京文化经营的重要街区，其历史文化影响和所汇集的文化内容，是北京文化发展历程中重要的标志之一，并且成为清康熙年以来北京文化活动的重要地域之一。

一　琉璃厂名字的由来

琉璃厂地区见之于文字记载最早可追溯到辽代，这里曾是辽南京城东的燕下乡海王村。清乾隆三十五年（1770年），清廷工部在琉璃厂的工匠于窑厂取土中曾发现辽代御使大夫李内贞的墓志，其墓志上曾有这样的记录：

> 大辽故银青崇禄大夫……陇西李公，讳内贞……保宁十年（978年）六月一日薨于卢龙坊私第，享年八十，其年八月八日，葬于京东燕下乡海王村。

今天琉璃厂中国书店所在地的"海王村公园"就是由此得名。可惜这块墓志当时被掩埋，只是录下墓志的铭文，这是我们今天可以看到有关琉璃厂的最早的文字记录。

金代时，在琉璃厂一带，因拥有中都城的佛教巨刹延寿寺而成为重要的政治活动场所。金灭北宋后，俘获徽、钦二帝，并将徽、钦二帝押解北上，途经北京时曾将徽宗赵佶、郑后囚禁在这里。历史上曾经在此出土过延寿寺的断碑，就有这段记载。据说在延寿寺里有一口古井，赵佶经常在此"坐井观天"。

元代建都北京，海王村成为大都城的南郊。由于构筑大都城的需要，元朝开始在这里建立琉璃窑，烧制琉璃瓦。这是历史上这一带最早开始出现琉璃窑记载。

这里需要特别说明的是，有人在研究琉璃厂时，经常有元代海王村出现"琉璃厂"的提法。这种提法是不对的，"琉璃厂"作为北京城的一个历史名称，最早出现在明代。

明代永乐年间，成祖皇帝开始重新营造北京城，官府先后建立了琉璃厂、神木厂、台基厂、大木厂和黑窑厂。其中城南的海王村一带因元朝时建立有琉璃窑，便将琉璃厂衙设立在这里，"琉璃厂"一词由此而来。

明嘉靖四十年（1561年）以后，修建北京外罗城，琉璃厂被围在外罗城内。当时，北京外城扩建，京师在原来的三十三坊的基础上重行划定，内城划为二十七坊，外城划为七坊。琉璃厂一带成为外城七坊的范围，并开始出现一些街道。但当时由于这里有一些水洼和土丘，便成为一些文人雅士游玩之地。这一点，在明代人撰写的《长安客话》《帝京景物略》中有记载。明代这里仅仅有一些街道、房屋，但还没有成规模的集市。

二 琉璃厂文化街区的兴起与繁盛

琉璃厂一带发生巨大的变化,并且逐渐形成北京的文化一条街,源于清代施行的旗民分城而居的管理政策。

清顺治元年(1644年),清军入关,占领了北京,并在北京实行旗民分城而居的制度,"凡汉官及商民人等尽徙南城"。按照"旗民分城而居"的政策,内城由八旗兵及其家属居住,汉族官员、士绅和民众等皆迁于外城。当时,在外城分为商业聚集区和士绅聚集区。以崇文门、前门一带为主要的商业区域,而大多数汉族的官员和文人学士便主要集中在琉璃厂附近地区居住,由此形成了北京南城居民结构的新布局。据文献记载,清王朝建立以后,许多著名的学者文人,像龚鼎孳、吴伟业、孙承泽、朱彝尊、王士禛、李笠翁、纪晓岚、戴震、钱大昕等都在这里留下了历史的痕迹。明末清初的著名学者孙承泽,住在琉璃厂附近,其住宅和花园被称为孙公园。现在的琉璃厂南侧还有前、后孙公园胡同,就是孙承泽宅地的遗址。王士禛在北京居住期间，住在琉璃厂的火神庙夹道。著名学者孙星衍居于琉璃厂南夹道（今天的琉璃厂万源夹道），"海内三布衣"之一的朱彝尊寓居于海波寺街。因其院里有两株紫藤，朱彝尊就把他的寓所取名"古藤书屋"。他的诗中有不少是吟咏紫藤的。在"古藤书屋"，朱彝尊主要是从事《日下旧闻》的写作，为北京的历史研究留下了珍贵的文献资料。

另外，清代以后，专门为文人学士服务的各地会馆多集中在这里，使它客观上成为各地的文化养分在北京融合和升华汇聚区域。以琉璃厂东西两侧为例，东起前门、西至宣武门，就有大大小小会馆数十家。吴长元的《宸垣识略》[1]记载琉璃厂附近的会馆主要有：

> 延寿寺街曰潮州、长元，吴柴儿胡同曰鄱阳，杨梅竹斜街曰舍和……李铁拐斜街曰襄陵、三原、延定、肇庆……韩家潭曰广东……章家桥曰渭南……

而居住在这些会馆的或为应试的举子，或为进京述职、候补的官员。文人士绅的聚集和各地学子、官员在宣南一带的流动，使得这里形成了北京的主要文化集散地，众多的文人士子在这里的官邸、宅第、会馆间相互走动，吟诗唱和，结诗社、兴诗会，构成了全新的士绅社会文化氛围，也就是我们所说的"宣南文化"。

正是由于宣南文化的形成和兴盛，使得这里逐渐营造出一个宣南文化圈，这为琉璃厂文化街的兴起提供了客观的成长环境。

---

[1] [清]吴长元:《宸垣识略》，北京古籍出版社1981年版，第213-214页。

琉璃厂文化街的兴起，首先是因书肆业的集中而带动起来的。

清代初年，北京书肆多集中于慈仁寺一带，即今北京广安门大街北侧。清康熙年间，琉璃厂逐渐繁荣起来，特别是前门外的大栅栏等地区成为北京最为繁华的商业区，带动了琉璃厂街道集市的发展，并开始出现书肆。至康熙年后期，随着慈仁寺集市的衰落，书肆逐渐东移，集中到琉璃厂一带，并快速发展。当时，由于汉族官员以及文人学士多居住于琉璃厂一带，成为最常光顾琉璃厂书肆的顾客，这对于琉璃厂书肆的兴起有着直接的作用。乾（隆）嘉（庆）时期，考据之风尤甚，许多文人致力于考据之学，讲求版本、目录及注释之说，许多书肆便投其所好，广罗珍善之本，以供学者选购、收藏，以至清代藏书家、考据大师旅居京城，"无不往游琉璃厂，盖收集善本，罔不求厂肆也"[1]。而居住在琉璃厂附近会馆的客人，或为应试的举子，或为进京述职、候补的官员，他们成为琉璃厂书肆的忠实顾客，时常以此为消遣、消费的场所。像撰写《琉璃厂书肆记》的李文藻，乾隆三十四年（1769年）在京候补时就是琉璃厂书肆的常客，离京后，途中闲闷，便将在京时逛琉璃厂书肆的情景一一记述，写下了《琉璃厂书肆记》一文，为后人研究琉璃厂书肆之发展留下了极其珍贵的资料。

清代的《四库全书》等编纂活动，给琉璃厂的发展提供了强大的动力和更为优越的外部环境。清乾隆三十八年（1773年）开"四库馆"，广征天下藏书，编修《四库全书》。书贾们借此良机涌入京城，设店开肆，图书交易异常活跃，琉璃厂的书肆发展得到极大的促进，同时也带动和刺激了琉璃厂其他文化经营类别的发展。

---

[1] 孙殿起：《琉璃厂小志》，北京古籍出版社1982年版，第12页。

翁方纲曾记述，参加编撰《四库全书》的编修官们"……午后归宿，各以所校阅某书应考某典，详列书目，至琉璃厂书肆访之。是时，江浙书贾奔辏辇下。书坊以五柳居、文粹堂为最。"四库馆的开设，成为琉璃厂书肆繁荣的重要契机，琉璃厂的书肆发展出现了第一次高潮。很多书肆从小小的书摊或书铺发展成为十分讲究的大店，经营上也形成一定的规模。清乾隆五十五年（1790年）有人记述琉璃厂的聚瀛堂：

特潇洒，书籍又富，广庭起簟棚，随景开阖，置椅三四张，床桌笔砚，楚楚略备，月季花数盆烂开。余卸笈据椅而坐，随意抽出看之，其乐也。①

这里记述的聚瀛堂仅仅是乾隆时期琉璃厂众多书肆中的一家。

在以往研究北京文化发展史或北京书业发展历程记述中，大多数人认为琉璃厂书肆的兴起是由于乾隆朝开"四库馆"而使得琉璃厂书肆开始兴起。这种观点实际上并不准确。据李文藻在清乾隆三十四年（1769年）记载，当时的琉璃厂已经有书肆三十余家，而开"四库馆"则是在清乾隆三十八年（1773年），此时的琉璃厂书肆已经形成一定的规模。

琉璃厂地区的书肆繁荣发展，带动了这个街区的文化经营氛围的兴盛，使这里成为文人雅士"安身立命"之所。在这条街衢上，书肆的大规模出现，大量图书典籍聚集于此，伴之而起的是

---

① 孙殿起：《琉璃厂小志》，北京古籍出版社1982年版，第365-366页。

其他为文人服务的行业，如文房四宝、书画碑帖以及装裱、古玩珠宝等随之发展，诸多与文化消费有关联的店肆也纷纷落户于此。除了书肆、南纸店以及古董铺之外，裱字画、雕印章、包写书禀、刻板镌碑等与文人学士有关的行当莫不云集。并奠定了琉璃厂文化街的特殊地位，使之成为京城重要的文化活动区域。

三 琉璃厂文化街区的文化特色与历史内涵

纵观琉璃厂文化街的形成和发展，我们可以看到，这条具有丰富传统文化内涵的街区，在清朝以来北京文化的发展上表现出极为鲜明的文化特色和历史内涵。

其一，琉璃厂文化街成为传统文化的集散地和荟萃中心，是展示丰富中国传统文化的载体，并且涌现出许多具有鲜明特色的传统老字号。

琉璃厂文化街形成和发展的三百余年中，已经成为古代典籍图书、碑帖字画、文房四宝、金石古玩等文化类商品的集中经营区域。这里的店肆，或经营善本古籍、珍稀碑帖，或买卖名家书法、历代字画，或荟萃珍奇珠宝、文物古玩，既有被誉为"免费博物馆"的荣宝斋、庆云堂，也有被称作"开架图书馆"的来薰阁、邃雅斋。

这些店铺所经营的商品是记载着中华传统文化的各种载体，并且在长期的经营活动中逐步形成自己的风格和特点。当然，伴随着时间的流逝，琉璃厂的老字号也不断地出现更迭和改变，琉璃厂形成之初的字号，早已是历史的痕迹。但是，还有部分老字号保留了百余年，一直流传到今天。

其二，琉璃厂文化街成为文人学士流连徜徉、安身立命之所，也是学者贤达的交流聚会场所。

琉璃厂文化街特有的文化功能和文化氛围，使得它成为各个时期文人雅士流连忘返的"安身立命之所"。琉璃厂的各个店铺十分注重与文人学士的交往，"以书会友""以珍奇揽人"成为琉璃厂各个店肆良好风尚和经营传统。历代文人学士也把逛琉璃厂视为一种高雅的文化享受。许多文人称书肆店员为"书友"，称古玩行的经营者为"年兄"。清前期，孙承泽、王士祯、孙星衍、朱彝尊、李渔、纪晓岚等人都是古旧书肆的常客。而参加编修《四库全书》的编修官们几乎每日都到琉璃厂书肆搜购书籍。许多官员下朝后不是直接回家，而是直奔琉璃厂来。近代著名学者翁同龢、潘祖荫、李文田、王懿荣等常以书肆为聚会场所，看书赏画、吸烟品茶、闲聊杂谈，成为一种风气。高兴之余，便为书肆题诗写匾，很多古旧书店的牌匾都是名人学士所题。近现代以来，有的文人学者甚至出资委托行业中人开办书店，如孙殿起的通学斋是由版本学家伦明出资，琉璃厂的长兴书局是由康有为出资。鲁迅先生寓居北京十四年中，也与古旧书肆结下不解之缘，从他的日记中统计，在琉璃厂访书购物达480次之多，先后购买3800

多册（部）图书、碑帖，当时的来熏阁、通学斋、有正书局、直隶书局、商务印书馆、神州国光社等都留下了鲁迅先生的足迹。

其三，琉璃厂文化街的发展造就了一大批"亦文亦商"的经营者，并在他们的经营活动中客观地保护、发掘和传承了祖国的文化遗产。

琉璃厂诸店肆的经营项目和业务范围与文化发展密切相关，这些店铺的店主或伙计终日接触古旧书刊、碑帖字画、金石篆刻、文房四宝、古玩珍宝，又常年与文人学者或显贵贤达交往，耳濡目染，深受熏陶，年长月久，对历朝各代的古旧书刊版本、源流、内容、作者以及学术思想等方面的知识日趋熟识并逐步提高，或者对文物真假的鉴定、珠宝翠钻的品赏有独到之处，渐渐地造就出一批具有较高水平和高超专业技能的"专家式"文化商人。他们或是古旧书刊的版本专家，或为古玩书画的内行，或具有高超的古书装订修补技能或文物鉴定水平，成为经营的权威和骨干。在古旧书业中，乾隆年间琉璃厂鉴古堂的韦姓店主，20世纪初古书业中文禄堂的王晋卿、通学斋的孙殿起、来熏阁的陈济川以及当代中国书店的雷梦水、张宗序等便是其中的代表人物。古玩行中有孙虞臣、赵佩斋、袁厚民以及近现代的赵汝珍、邱震生等人。这些"专家式"的文化商人，对琉璃厂的发展、对北京文化的交流、传播和发展，给予了积极的推动作用，产生了积极的影响。有的人甚至著书立说，像通学斋掌柜孙殿起著有《琉璃厂小志》《贩书偶记》、王晋卿著有《明版书录》、雷梦水著有《书林琐记》、赵汝珍著有《古玩指南》等。这些专著，或为研究北京历史重要

雷梦水《书林琐记》

孙殿起《琉璃厂小志》

孙殿起《贩书偶记》

的参考文献，或为某一专业领域的必读之书。

其四，琉璃厂特有的文化环境，使之成为北京重要的文化活动的中心。

琉璃厂文化街的整体氛围和它的文化聚集性，使得琉璃厂成为北京城文化活动的中心地带，许许多多的重大文化事件或主要的文化活动就发生在这里。

我国最为著名的文学巨著《红楼梦》的传播，就与琉璃厂有着直接的关系。《红楼梦》最早流传于世间，是以抄本的形式传播的。程伟元在程甲本的序言中曾经写道："好事者每传抄一部，置庙市中，昂其值得数十金，可谓不胫而走者矣。"程伟元所说的"庙市"就是指琉璃厂火神庙的书肆。清乾隆五十六年（1791年），程伟元以"萃文书屋"的名义，出版了一百二十回本《红楼梦》"程甲本"，次年又刊行了"程乙本"。程甲本、程乙本的刊行充分显示出琉璃厂在《红楼梦》一书的传播和红学发展上所起到的突出促进作用。在以后的《红楼梦》版本流传过程中，琉璃厂依然是《红楼梦》一书整理和刊刻的主要地域，这种状况一直延续至今。

　　琉璃厂不仅仅是典籍方面、文物古玩的流通方面独具特色，在其他方面，如徽班入京及以后的京剧发展，也与琉璃厂有着千丝万缕的联系。当初徽班进京，由于清朝规定不得在内城建造戏园、会馆，地处南方各省进京必经之路的宣南地区就成为梨园子弟的落脚之地。像喜连成、富连成、斌庆社这些著名的京剧科班都是坐落在琉璃厂四周。而正乙祠戏楼、安徽会馆、湖广会馆这些京剧大师经常献艺的舞台，也与琉璃厂遥相呼应，形成了一个文化区域。

　　当然，谈到北京城的重大文化活动，新春逛琉璃厂地区的厂甸就更为著名了。琉璃厂一年一度的新春厂甸盛会是北京城的一次重要的民俗活动，每年正月初四至十六，琉璃厂"一市人如海"，红男绿女、老叟幼童，纷纷到此观赏游玩，选购中意物品，俗称之为"逛厂甸"。新春厂甸期间，琉璃厂的海王村公园（今中国书店总店所在地）人头攒动，风车、空竹、风筝、琉璃喇叭等玩具摊杂陈于此，应春的小吃，如艾窝窝、豌豆黄等诱馋着人们停下脚步。熙熙攘攘的人群，商贩们高声地吆喝，伴随着风车的鸣响，构成了一幅生动的市井图画。游动的人群中，时常看到孩子们手中举着一串串几尺长的大糖葫芦，招人眼目，至今这种场景甚至被视为老北京的一种标志。

四 琉璃厂与历史文化名人

清末民初，不论是清朝的遗老遗少，还是倡导新政的改良派，在政治上和思想上总是针锋相对，可在对待琉璃厂的问题上却不约而同地一致。所以琉璃厂有死抱着前清政权的保守者题写匾额的店铺，也有倡导改良的梁启超开办的长兴书局，二者相安无事，同处于一个街区上。这就是琉璃厂的文化魅力，同时琉璃厂也让文人将其视为自己在京城文化活动中的自由空间。正是由于北京琉璃厂文化街所具有的丰富的文化内涵和门类广泛的经营文化产品的店铺，使得这里从清康熙年后期，持续至20世纪80年代中后期，一直是北京城最为集中的文化消费街区。正如前面提到的，这里被各个不同历史时期的文人雅士视为安身立命之所。清代学者潘际云在他的《清芬堂集》中有这样一首诗：

细雨无尘驾小车，厂桥东畔晚行徐。

奚童悄向舆夫语，莫典春衣又买书？

这首诗极为形象地描绘了文人学士对琉璃厂的眷恋和对书籍的痴迷，也透视出琉璃厂对文人雅士的诱惑力。琉璃厂为此留下了无数文人名士的足迹，也流传着他们的趣闻和轶事。

写琉璃厂的人和书

李文藻与《琉璃厂书肆记》

谈到文人名士在琉璃厂的交往，首推的就是李文藻。李文藻（1730～1778年），字素伯，号南涧，山东益都人，清乾隆二十六年（1761）进士，官至桂林府同知。李文藻喜好访求散帙而配备成套，在典籍的搜求上颇有建树，藏书颇为丰富，达数万卷之多。甚至有时为了买书，竟典当衣物，是历史上有名的书痴。乾隆己丑（乾隆三十四年，1769年）李文藻在京候缺，住在琉璃厂附近的百顺胡同近半年。闲暇时间，他以抄书和到琉璃厂各个书肆访书为乐。其自述说：

> 此次居京师五月馀，无甚应酬，又性不喜观剧，茶园酒馆，足迹未尝至；惟日借书钞之，暇则步入琉璃厂观书。虽所买不多，而书肆之不到者寡矣。①

当然，由于他以琉璃厂书肆为徘徊之地，以淘书为乐，收获

---

① 孙殿起：《琉璃厂小志》，北京古籍出版社1982年版，第100页。

自然很大。他曾记述说："乾隆己丑（1769年）……夏间从内城买书数十部，每部有楝亭曹印，其上又有长白敷槎氏、董斋、昌龄图书记……昌龄官至学士，楝亭之甥也。"[1] 是年十一月，李文藻离京赴任，路途之上"长夜不能寐"，对自己在琉璃厂书肆的游逛回味不已，寂寥和眷顾之中，便将其逛琉璃厂书肆的情景一一记录，同时也记录了琉璃厂文化经营的许多细节，为后人留下了著名的《琉璃厂书肆记》，也成为后人研究琉璃厂发展的重要的文献资料。

缪荃孙与《琉璃厂书肆后记》

较为详细地记述琉璃厂的文化经营活动和书肆的买卖状态的第二人是清代末期的著名藏书家缪荃孙。缪荃孙（1844～1919年），字炎之，又字筱珊，江苏江阴人。为光绪二年（1876年）进士，曾任翰林院翰林、国史馆编修，历主江阴南菁书院、济南泺源书院、江宁钟山书院讲席，先后担任江南图书馆和京师图书馆监督，是我国近代图书馆的创建人之一，也是著名藏书家和版本学家。缪荃孙与琉璃厂有着极为密切的联系。同治六年（1867年）缪荃孙进京，他前后在京寓居数十年，琉璃厂成为他最为留恋的活动之地。清末民初的琉璃厂书肆和骨董店到处留下了他的足迹，每每到一店铺就久久徘徊，在书肆中怡然自得地淘书，并与琉璃厂的书商结下了不解之缘。宣统三年（1911年）辛亥革命爆发，缪荃孙离开北京到上海居住。虽已远离京城，但是盘桓在琉璃厂的那种怡然自得的情形历历在目而使他无法忘却，因此他仿照着

---

[1] 孙殿起：《琉璃厂小志》，北京古籍出版社1982年版，第101-102页。

李文藻撰写的《琉璃厂书肆记》，写下了《琉璃厂书肆后记》。用他的话说：

> 忆昔太平盛世，士大夫之乐趣，有与世人异者，因作《琉璃厂书肆后记》，为李南涧大令之继。①

缪荃孙在《琉璃厂书肆后记》中将同治到光绪年间的琉璃厂的书肆逐一记录，对具有一定的经营特点的店铺记载得颇为详尽，成为继李文藻之后第二位详细记录琉璃厂书肆的学者，为我们今天研究琉璃厂的发展留下了宝贵的文献资料。

周肇祥与《琉璃厂杂记》

近代著名书画家、鉴赏收藏家周肇祥先生也是琉璃厂的常客之一。周肇祥（1880～1954年），字嵩灵，号养庵，别号退翁，为浙江绍兴人，清末举人，肄业京师大学堂。民国时，他先后任四川补用道、奉天劝业道、署理鉴运使、临时参政院参政、葫芦岛商埠督办等职。还一度任湖南省省长，没多久辞职回到北京，任清史馆提调、北京古物陈列所所长。他晚年任团城国学书院副院长，以传授金石书画为主。周肇祥喜好收藏文物，他的藏品很多来自琉璃厂，曾治一收藏印，曰："周肇祥小市得"，以此表明其收藏之好。周肇祥先生美须髯，琉璃厂各店肆戏称"周大胡子"。周肇祥虽时常盘桓于琉璃厂，但他对价昂的文物珍品也往往望而生畏，于是便将其逛琉璃厂以及所见古玩一一记录，汇集为《琉

---

① 孙殿起：《琉璃厂小志》，北京古籍出版社1982年版，第105页。

璃厂杂记》。《琉璃厂杂记》是第一部较为详尽记载琉璃厂古玩行经营骨董、文物的典籍，他虽然是以杂记的方式记载，却为后人研究琉璃厂古玩行的状况提供了直接的参考资料。1995年赵珩兄和海波先生合作将此书点校，并由北京燕山出版社出版，为人们留下了一本研究琉璃厂的重要文献。

周肇祥撰《琉璃厂杂记》

■ 琉璃厂匾额字画与名人

碑帖专家端方

　　清后期曾任直隶总督、北洋大臣、川汉及粤汉铁路督办大臣、署理四川总督的端方，也是琉璃厂的常客。有一年他奉旨到盛京办差，与盛伯羲、王莲生相识，一次偶然听见盛伯羲、王莲生谈论碑帖，便好奇地打听，不料盛伯羲、王莲生二人对端方颇为不屑，奚落端方只知道饮酒作乐而已。端方愤而拍案，称："三年以后再见"。[①]从此决意钻研碑帖。他来到琉璃厂，向琉璃厂精通碑帖的商人李云从请教，并与之结拜为兄弟，几年后便在碑帖方面颇有造诣，成为研究碑帖的专家。

---

① 陈重远：《骨董说奇珍》，北京出版社1998年版，第88页。

琉璃厂匾额

近代著名学者翁同龢、潘祖荫、李文田、王懿荣等常以琉璃厂的书肆、骨董店为聚会场所，看书赏画、吸烟品茶、闲聊杂谈，成为一种风气。高兴之余，便为店铺题诗写匾，琉璃厂店铺的牌匾很多都出自名家之手，为当时名人或社会显贵所题。翁同龢题写的有"茹古斋""宝古斋""尊汉阁""赏奇斋""秀文斋"等，潘祖荫题写匾额的有"宝森堂""韵古斋"，李文田题写的有"翰文斋""聚古堂""勤有堂"。此外，陆润庠题写过"荣宝斋"，康有为题写的"长兴书局"，梁启超题写的"藻玉堂"，曾国藩题写过"龙威阁"，徐世昌所题"戴月轩""静文斋"，姚茫父题写的"邃雅斋""瀛文斋"等。琉璃厂各个店铺之所以悬挂这些社会名流和达官显贵题写的匾额，无非是炫耀自己店铺，以此招揽顾客。但从另一个方面也看出了琉璃厂各个店铺与文人雅士、社会名流的那种密切的交往和联系。

翁同龢题写宝古斋匾额

民国时期被"安福国会"选为大总统的徐世昌，和琉璃厂也有着千丝万缕的联系。徐世昌早年清贫，被迫到河南开封等地教私塾，偶遇袁世凯。袁世凯与他交往，认为徐世昌颇有潜力，便资助他进京考举人，徐世昌果然中举，又考取进士，在翰林院做编修。后随袁世凯在小站练兵，成为袁世凯重要的谋士，跟随袁世凯左右。后在袁世凯的保举下一路迁升，前后任兵部侍郎、军机大臣、巡警部尚书等职，民国时期又任国务卿，1918 年他出任北洋政府的大总统，1922 年下台后寓居天津。其下台后，常在琉璃厂的清秘阁、荣宝斋等店铺挂笔单[①]，以显示他宦游回归之意。他在琉璃厂的字一般落款为"水竹邨人"，所定"润例"极高，让一般的顾客望而却步，但是琉璃厂的南纸店还是很愿意挂他的字。徐世昌对琉璃厂有一种难以割舍的文人情怀，也与这里的许多店铺交往较多，也正是在这个"琉璃厂情结"的驱使下，他为戴月轩、静文斋题写店铺匾额，直接落"徐世昌"款，而且分毫不受笔润。

不仅仅是徐世昌一个大总统如此，北洋时期的"吴大帅"吴佩孚也同样与琉璃厂有着关联。在琉璃厂南侧不远的南新华街路东有个长春会馆，里面有几家书肆和玉器店，院子的门额上，就是"吴大帅"题写的"玉器长春会馆"门额。

---

① 挂笔单：是指文人润笔的收费标准，挂笔单标准由本人或友好拟定，订出各种不同规格的书画、文章的润例。明码标价，顾客选择定货，书画家按时交件。

■ 琉璃厂的书与文化名人的研究

鲁迅与《北平笺谱》

前文提到鲁迅先生寓居北京十四年中，也与古旧书肆结下不解之缘，从他的日记中统计，在琉璃厂访书购物达 480 次之多，当时的来熏阁、通学斋、有正书局、直隶书局、商务印书馆、神州国光社等都留下了鲁迅先生的足迹。鲁迅先生不仅是文学巨匠，也是一个碑帖、刻石画像等方面的收藏爱好者，他一生收藏的碑拓达 6000 多幅，各类刻石画像也有六七百幅，其中很大一部分是从琉璃厂购买的。[1] 和他人收藏和喜好碑帖不同，鲁迅将碑拓上的文字以及刻石上的画像等作为历史资料来加以研究，尤其是表现游猎、征伐、宴会和车马仪仗等内容的图画，更是格外的垂青，认为是研究史实的真实资料。

在鲁迅先生民国四年（1915年）4月25日的日记中曾记到："往琉璃厂买《射阳石门画像》等五纸，二元；《曹望憘造象》拓本二枚，四角。"[2] 6月13日记载："往琉璃厂买《赵阿欢造象》等五枚，三角。又缩刻古碑拓本共二十四枚，一元，帖店称晏如居缩刻，云出何子贞，俟考。"[3] 同年8月3日记载："下午敦古谊帖店送来石印《寰宇贞石图》散叶一分五十七枚，直六元。"[4] 11月20日又记载道："在敦古谊买《爨宝子碑》等拓本三种，三元。"[5] 我们只是随手摘录了鲁迅先生日记中的几条，就可以看到他与琉璃厂诸店铺有着如此的密切的交往。

---

[1] 出自《鲁迅全集》（十四、十五），人民文学出版社1981年版。
[2][3][4][5] 出自《鲁迅全集》（十四），人民文学出版社1981年版，第162-188页。

《北平笺谱》

此外，鲁迅先生对琉璃厂南纸店销售的各种笺纸评价极高，也注意收藏。鲁迅先生在1932年年初再次来到北平后，曾专门到琉璃厂各家南纸店收集诗笺。他极力推崇琉璃厂南纸店销售的笺纸，而且为人们渐渐地淡忘笺纸而忧虑，担心笺纸会逐渐地走向消失。他回到上海以后，与郑振铎商议，由郑振铎在琉璃厂收集各种笺纸。郑振铎遍访琉璃厂各家南纸店，淳菁阁、松华斋、松古斋、懿文斋等店铺都是郑振铎先生时常光顾的店铺，他在琉璃厂搜集到许多笺纸，并陆续寄往上海。鲁迅经过反复遴选和鉴别，最后选定了332幅，分为六大册，用宣纸彩色套印。鲁迅还特意写了《北平笺谱序》，对中国版刻、笺纸的发展历史及其所面临的危机形势以及编印《北平笺谱》的原因进行了细致地阐述。郑振铎也在书中的《访笺杂记》里详细讲述了搜购画笺、交涉印刷、调查刻工姓名等整理编辑的经过，并在他自己撰写的序中谈道：

鲁迅先生于木刻画夙具倡导之心，而于诗笺之衰颓，尤与余同，有眷恋顾惜之意，尝数与余言之，因有辑印《北平笺谱》之议。①

1933年年底《北平笺谱》刊行问世。为了提高《北平笺谱》的收藏价值，鲁迅、郑振铎在每一部笺谱上亲笔签名。他们分别把《北平笺谱》送给了苏联版画家协会和美国、英国、法国、日本等国家的图书馆。《北平笺谱》刊行后颇受欢迎，没过多久，又再一次加印了一百部。

鲁迅、刘半农与《何典》

不仅是鲁迅、郑振铎，钱玄同、刘半农、魏建功等也都是琉璃厂的常客，他们把琉璃厂看作是心目中的乐土，怡然自得地享受着淘书之乐。鲁迅先生和钱玄同先生曾经为搜寻小说《何典》而辛劳多年，但始终未能如愿。1926年春，刘半农在琉璃厂的书摊上偶尔得到一部《何典》，喜出望外，并将这部书整理校勘后出版，鲁迅先生还特为此书的校勘出版撰写了题记，他在题记后的记述中说：

还是两三年前，偶然在光绪五年（1879年）印的《申报馆书目续集》上看见《何典》题要，这样说："《何典》十回。是书为过路人编定，缠夹二先生评，而太平客人为之序。书中引用诸人，有曰活鬼者，有曰穷鬼者，有曰活死人者，有曰臭花娘者，有曰畔房小姐者：阅之已堪喷饭。况阅其所记，无一非三家村俗语；无中生有，忙里偷闲。其言，则鬼话也；其人，则鬼名也；其事，

---

① 鲁迅，西谛：《北平笺谱》，中国书店2014年版，序。

则开鬼心,扮鬼脸,钓鬼火,做鬼戏,搭鬼棚也。语曰,'出于何典'？而今而后，有人以俗语为文者，曰'出于《何典》'而已矣。"疑其颇别致，于是留心访求，但不得；常维钧多识旧书肆中人，因托他搜寻，仍不得。今年半农告我已在厂甸庙市中无意得之，且将校点付印；听了甚喜。此后半农便将校样陆续寄来，并且说希望我做一篇短序……①

■ 琉璃厂书商与文化名人

伦明、孙殿起与通学斋

  我国近现代著名藏书家伦明先生，对琉璃厂也是情有独钟，甚至在琉璃厂留下了"破伦"的绰号。伦明，字哲如，广东东莞人，光绪二十七年（1901年）中举。伦明嗜书为命，在目录学领域具有很高的造诣。民国五年（1916年），伦明被聘为北京大学文学系教授，他常年盘桓于琉璃厂，终日沉醉在淘书的乐趣之中。每每到琉璃厂，总是一席破旧的大衣，足蹬旧鞋袜，颇有些不修边幅的样子，所以琉璃厂的书肆店主和伙计们给他起了一个绰号"破伦"。在生活上，伦明也不像他人喜于交际，只是埋头淘书、看书，他家里的佣人曾与琉璃厂书肆伙计说："我家主人犹似无主之人，时食残羹剩饭，身着破衣烂履而不以为然也。"但是伦明好书之心依旧不改，大小书铺都被他踏破了门槛，甚至连独自夹包袱皮做古旧书买卖的，或者走街串巷的小书贩子都和他相识。一次伦明听说琉璃厂晋华书局新近购进一批图书，兴致勃勃跑去挑选。

---

① 《鲁迅杂文全集》，河南人民出版社1994年版，第223页。

伦明所著《辛亥以来藏书纪事诗》

他看收购的书单子上有一本《倚声集》，便想要此书，店主告知该书被店里的伙计拿着给他人府第送去，伦明焦急万分，赶紧乘洋车赶到那家，在宅门外等着送书的伙计，不等伙计进他人的宅门，便将所喜好之书半路"打劫"。① 民国二十六年（1937年），伦明南下广州就任岭南大学教授，但依然与琉璃厂书肆保持着密切的联系，委托琉璃厂书肆为他选书购书。伦明与孙殿起交往甚是亲密，孙殿起经营的通学斋就是伦明出资在琉璃厂开办的，其并不企盼着谋利，就是为了更方便于找书。他曾在《辛亥以来藏书纪事诗》中称颂说："后来屈指胜蓝者，孙耀卿同王晋卿"并特意注释说：

　　故都书肆虽多，识版本者无几人，非博览强记，未足语此。余所识通学斋孙耀卿、文禄堂王晋卿二人，庶几近之。孙著有《贩书偶记》《丛书目录拾遗》，王著有《文禄堂访书记》，皆共具通人之识，又非谭笃生、何厚甫辈所能及矣。

① 雷梦水：《书林琐记》，人民日报出版社1988年版，第91页。

其与琉璃厂的渊源之深，由此可见一斑。

郑振铎、陈济川与中国书店

郑振铎先生也是琉璃厂的常客，他在《访笺杂记》中写道："我到北平教书，琉璃厂的书店断不了我的足迹……"琉璃厂的一些老人对笔者回忆，郑振铎与来薰阁的掌柜陈济川关系很好，交往甚密。郑振铎先生在"七七事变"前曾主编《文学月刊》等进步书刊，还经常发表抗日爱国的文章。上海沦陷后，日伪当局便搜捕通缉郑振铎先生，陈济川便让郑振铎先生躲藏在来薰阁在上海的分店之中，当时郑振铎先生还利用来薰阁的分店与徐森玉、王伯祥等文化人士聚会。危难之中，陈济川等有如此的胆识和魄力，当然是出于爱国之心，但是在当时要冒极大的风险，由此足以看出郑振铎先生和琉璃厂书肆的交情之深。1949年以后，郑振铎先生出任国家重要领导职务，但依旧不忘到琉璃厂淘书，琉璃厂的老人还对笔者说：郑振铎先生买书时买得"最冲"，搜求图书的"网"既大又密，一批图书经郑振铎先生挑选之后，也就所剩无几。记得当年一位老先生曾悄悄地对笔者说："别瞧郑先生那么大官，买书啊……也砍价哟"。郑振铎先生不仅仅经常到琉璃厂淘书、买碑帖，对这条街的各个行业的发展也极其关心，20世纪50年代初期，琉璃厂的古旧书业发展有些迟缓，特别是作为传承着文化典籍的古旧书业完全是在私营的店肆之中。为此，郑振铎与齐燕铭、吴晗等一起倡议，于1952年11月成立了我国第一家国营的古旧书店——中国书店。

魏建功与陈济川

著名语言文字学家魏建功先生也与琉璃厂书肆结下了深厚的友情，特别是与来薰阁掌柜陈济川友情更为浓厚。魏建功先生为北京大学著名教授，先后兼任中文系主任、北京大学副校长，第三、第四届全国人大代表。1955年被聘为中国科学院哲学社会科学部委员。九三学社第三、第四、第五届中央常委，他是我国现当代著名的学者。抗日战争时期北平沦陷，魏建功先生到大后方教书，其夫人带着孩子们留在北平。1938年春节，魏建功先生在长沙无法顾及家中的亲人，来薰阁掌柜陈济川派伙计到魏先生家中，送去一袋米、一块肉，还留了一点钱，帮助魏先生家眷熬过了艰难的一个春节。60余年后，魏公的儿子魏至先生向笔者讲述这段历史的时候，还充满了对琉璃厂书肆前辈的感激之情。1946年魏建功先生作为国语推广委员会的成员，到台湾推行国语教育，魏先生的夫人带着孩子们去台湾找魏先生，途经上海时，就住在来薰阁上海分店中。魏建功先生对琉璃厂书肆也不遗余力地帮助，来薰阁影印的《宋本广韵》就是在魏先生的指导下完成的。1969年陈济川先生去世，陈夫人病卧家中。当时的政治环境，使得陈济川的家人备感压力。一日，魏建功先生戴着大口罩悄悄地来到陈家，看望病卧榻上的陈夫人。他不放心陈济川的孩子们，把陈家孩子们的下落逐一打听，记在本上，才辞别离去。多少年来，当人们重新回忆起往日的历史，无不为学者文人与琉璃厂商贾们之间结下的深厚友谊而感动。

朱自清与雷梦水

清华大学著名教授朱自清先生与琉璃厂的书肆也结下了不解之缘，他经常到琉璃厂逛书店买书，与通学斋的雷梦水先生逐渐熟悉，雷梦水先生也时常去朱自清家中送书，两人结下了深厚的友谊。朱自清先生喜欢收集一些珂罗版的画册、戏曲小说和唐诗宋词等方面的典籍，雷梦水先生便留心收罗，曾先后为朱自清先生搜求到明洪武年刊本《读杜诗愚得》、清道光五年（1825年）刊刻本《杜诗琐证》和清初刊刻本《昌谷诗注》等书，朱自清先生极为满意。一次，雷梦水先生到朱先生家送书，朱自清先生鼓励雷梦水要锻炼学着写点东西，雷梦水为难地说："我一个卖书的，文化程度又低，哪能写出东西来？"朱自清先生正言厉色地对雷梦水说："你看宋代的陈起，你的舅舅孙耀卿不都是卖书的吗？只要自己能树立雄心壮志，肯刻苦学习，还得要坚持，锻炼锻炼不就行吗？"他还一点点地教雷梦水如何练习写作，如何读书。半个多世纪以后，雷梦水先生谈起这件事情，还充满感激之情地说："我现在能写一些短篇文章，不能不归功于朱先生的启发诱导"。[①]1948年夏7月，朱自清先生身体已颇为虚弱，其扶杖再到琉璃厂，依旧是原来的习惯，先到通学斋小坐品茗，稍事休息后又赶到开明书店校阅他所编辑的《闻一多全集》。8月3日，雷梦水先生收到朱先生的一封信，上写：

---

① 雷梦水：《书林琐记》，人民日报出版社1988年版，第34页。

朱自清写给雷梦水的信

梦水先生：

  请代找《古文关键》一书，谢枋得著，费神，为感。

            祝

好！

         朱自清 八、三.

这封信很可能就是朱自清先生的最后遗墨，雷梦水先生一直珍藏在家中。20世纪80年代后期，笔者为雷梦水先生撰写传记，雷先生谈及他与朱自清先生的交往时，说到最后声音渐渐低沉下来，悲伤之情油然而生。那时的场景，让年轻的笔者也不得不埋下头，不敢再说什么，只是在静静地记录着。沉寂之中让笔者深深地感受到京城文人学士与琉璃厂商贾的那种浓厚的情谊和无尽的眷顾。1992年中国书店成立四十周年店庆，因要印制纪念文集，需要用此信，雷梦水先生小心翼翼地拿了出来，拍照以后又仔细地收藏起来。

侯仁之与郭纪森

在琉璃厂书肆中，书肆商贾与文人学者结下深厚的友情，甚至患难之交的事例比比皆是。北京大学著名教授侯仁之先生与琉璃厂开通书社的郭纪森在数十年的交往中结下了深厚的友情，留下了感人的轶事。侯仁之先生是山东恩县人，著名历史地理学家，我国历史地理学奠基人。1932年秋被保送投考燕京大学历史系，成为著名学者洪煨莲教授的学生。1940年夏天，侯仁之先生完成硕士学业，留校任历史系助教。1941年秋天，侯先生因掩护和安排燕京大学的学生南下抗日，而遭到日本侵略者的逮捕。1942年他被营救出来，被迫辗转到天津投奔他的岳父。当时侯先生的老师洪煨莲先生非常担心他，可又没办法写信，也无法邮寄，郭纪森先生便利用他去天津收购古旧书的机会往返于京津之间，多次给侯仁之先生捎带口信。侯先生对郭老先生的壮举极为感激，三十多年后，他在撰写回忆录时，两次提及此事，念念不忘。笔者年轻时曾看到侯先生的回忆录提到此事，便找到郭纪森询问，郭老先生很淡然地说："我都不太记得了，也就是传个话。"

洪煨莲与郭纪森

　　侯仁之先生的老师洪煨莲先生也与郭纪森有着深厚的友谊和一段感人的轶事。1941年洪煨莲教授被日本人逮捕入狱，家中只有夫人和一个小女儿，郭纪森便经常到洪先生家中帮着做点事情。洪煨莲先生后来被释放出狱，但依旧被日本人监视居住，郭老先生便经常去看望他。正是这种患难之交，使得洪煨莲和郭纪森之间留下了一段极为感人的轶事。1946年洪煨莲教授到美国哈佛大学讲学，临行前留下一笔钱让郭纪森为他买《明实录》《正续玄览堂丛书》等十几种典籍，并约定买好了书先暂时存放在郭纪森的开通书社。岂料时局的变化让洪煨莲先生留在了美国，再也没有回到北京，一晃近三十年过去，中美之间开始交往以后，洪煨莲先生写信给郭纪森，告诉他当年的书就算了，毕竟数十年的变迁，让洪先生觉得他委托郭纪森买的书已经没什么可能再存在了。郭老先生回信告诉洪煨莲教授：当年委托买的书他依旧仔细认真地保管着。洪煨莲先生大为意外，也十分感动。他后来委托自己的学生，让其从在北京的寓所中挑选一个精致的笔筒、一方上好的石砚送给郭纪森作为留念。郭老先生的开通书社租用的是洪煨莲夫人江安真女士名下的房子，位于琉璃厂177号。三十年过去了，郭老先生仍旧记着给洪太太留着租房的租金，到1980年已经累积了1000元。那时的1000元不是一个小数，但郭先生始终信守着当时的承诺。1980年，洪煨莲先生亲手起草了"委托状"，表示可以将该处房屋赠送给郭纪森先生，但郭老先生婉言回绝了。洪煨莲与郭纪森长达近半个世纪的交往和友情，留下了令人感动的佳话。

五　琉璃厂古韵遗风与经营魅力

　　琉璃厂的古旧书肆对到访的文人学者都十分留心他们的研究方向和研究内容，哪位学者喜欢什么，哪位学者收集什么样的文献资料和图书，哪位学者在买书上有什么样的特点甚至嗜好，琉璃厂的老店员都能一一道来，如数家珍。记得北京社科院满学研究所原所长阎崇年先生有一次在与笔者聊天时说过："你们琉璃厂的老先生为读者服务是非常周到的，他们也了解学者们的研究方向和工作内容，你们老琉璃厂的×公我第一次和他交往，第二次他就记住了我是做什么的，第三次我再和他交往，他已经把我喜欢的书和要找的书为我留了下来。可是他的少公子也在你们中国书店，我恨不能去了八百次他都对我一无所知，每次还要我给他'请安'，问候他的父亲。"阎先生的话是对中国书店工作的爱护和提醒，但更是对琉璃厂古旧书肆那种殷勤周到服务的一种眷恋。笔者年轻时常为寻找不到合适的作者而苦闷时，这些琉璃厂的老先生往往能为我提供大量的学者研究内容的信息，甚至直接为我提供方便，给学者们打电话、写条子，帮助联系。笔者在琉璃厂工作三十多年，这种"后门"没少走过。这从一个侧面反映出琉璃厂古旧书肆与文人学者的那种亲密关系，体现了琉璃厂书肆"以店为媒、以文会友"的优良经营传统。

在琉璃厂，几乎所有的书肆都有这样的经历，而且这种经营风格一直持续到当代。记得原开通书社的业务员马春槐就一直坚持着送书上门，保持为读者找书的优良传统。20世纪90年代，他在中国书店读者服务部工作，时常见到他不辞辛苦，骑着自行车从琉璃厂到清华大学、北京大学送书上门。有时也主动四处为学者搜求图书，笔者当时已在出版社工作，时常遇到马春槐先生举着一张二指宽的纸条到笔者的办公室询问何书什么时候出版、何书现在是不是还有，凡有其所要图书，就一定设法为读者补上，甚至有一次因为中国书店出版的一种图书告罄，他竟然从笔者的书架上将样书软磨硬泡地取走。笔者因出版工作常与京城各个大学的先生们交往，过去时常可以听到有老先生问："你们中国书店的小马怎么样了？"他们问的就是那位不辞辛苦的老店员马春槐。当时很多中国书店的年轻人对马春槐的举动不甚理解，实际上马春槐先生这种殷勤周到、不辞辛苦地送书上门是琉璃厂众多书肆长期保留下来的经营特色，是琉璃厂古旧书业经营的优良品质之一。以往人们在回顾琉璃厂古旧书业的经营时，往往比较关注那些在古旧书业已经颇有名气的版本专家，而对这样的一个普普通通的店员容易忽视。但这样平平常常的举动，恰恰是琉璃厂古旧书业的经营魅力，在历代文人学者中留下了美好的回忆。

/ 高大伟

北京公园忆往

北京公园忆往，实际上是发生在历史名园中的故事。公园作为公共活动空间载体，自然见证了很多历史故事。

北京现有公园783处。其中不乏一些历史名园，积累了非常高的科学价值、艺术价值和文化价值，有被誉为世界文化遗产的天坛公园和颐和园，是历史最悠久、保存最完整、有800多年历史的皇家园林，还有陶然亭公园、香山公园、北京植物园及北京动物园等。纵观北京的历史，很多重要的事件和重要的历史人物都和北京的这些公园有或多或少的关系。

一 陶然亭的红色足迹

陶然亭公园，历史悠久。早在 2300 多年前，陶然亭地区就是燕国都城外东郊的一大片湖泊，风景优美、景色宜人。金朝时对这个湖泊进行了扩建，把这个湖的一半修到了城里面。那时候的陶然亭湖一半在城内，一半在城外。元代重新选址修建元大都，这一段城墙被废弃。后来有人利用这段墙基，修建了一座寺庙叫慈悲庵。到了明代，嘉靖皇帝修建外城，把慈悲庵连同两侧的湖泊都划入到外城内。这样城里就有了一片非常难得的风景优美的湖泊。很多文人墨客来这里，移棹荡舟、吟诗作对。清康熙三十三年（1694 年），工部郎中江藻奉命监理黑窑厂。工作之余，他在慈悲庵西部构筑了一座小亭，以供休憩，并取白居易《与梦得沽酒闲饮且约后期》一诗"更待菊黄家酝熟，共君一醉一陶然"之诗意，用"陶然"二字为此亭取名。借慈悲庵一带文人雅集之风，这块地方很快成为北京城内难得的公共游赏之地，也就是现在的

陶然亭公园

陶然亭公园。

　　陶然亭慈悲庵是早期革命人士活动的一个重要场所。毛泽东、李大钊、周恩来、邓中夏等中国共产党人留在这里的革命足迹，为清静古刹涂上了鲜红的时代色彩。1920年，即"五四"运动之后，中国共产党建党之前，由于陶然亭公园也就是慈悲庵离北京中心比较近，所以就成为当时许多爱国志士和革命青年进行活动的首选地方。

　　1918年8月19日，毛泽东离开家乡湖南来到北京，去北京大学图书馆做助理管理员。1919年12月18日，为驱逐湖南军阀张敬尧，公开揭露其祸湘虐民的罪行，毛泽东率代表团第二次到京。1920年1月18日，毛泽东与邓中夏、罗章龙等"辅仁学社"成员在陶然亭集会，商讨斗争策略，会后在慈悲庵山门外古槐下留影。

　　毛泽东在1918年和1920年居京的日子里，积极参加各种新思潮活动，对马克思主义有了越来越浓厚的兴趣，热心地搜寻那时候能找到的为数不多的用中文写的共产主义书籍。十几年后，他对美国记者斯诺回忆道：

> 到了1920年夏天，在理论上，而且在某种程度的行动上，我已成为一个马克思主义者了，而且从此我也认为自己是一个马克思主义者了。[①]

[①] 高海萍，张云燕：《毛泽东的书单》，新华出版社2014年版。

二 香山有幸伴中山

■ 缘分

坐落在京西香山公园东麓的碧云寺始建于元代，距今已有近700年的历史。1925年，中国民主革命伟大先行者孙中山在京逝世，灵柩曾暂厝碧云寺4年。寺内的孙中山先生衣冠冢，至今仍是人们怀念、凭吊之地。关于香山为何有幸陪伴中山先生，后人有很多推测。

一种说法来自当时祭奠时中法大学敬献的一副挽联："大名垂宇宙，英灵常耀两香山"。孙中山的故乡在广东省香山县，但孙中山一生三次到过北京。第一次进京是1894年，上书李鸿章变法革新，遭到拒绝。遂赴檀香山，创立兴中会，提出"驱除鞑虏，恢复中国，创立合众政府"的主张。第二次进京是1912年8月24日，当时袁世凯担心孙中山会与他正式竞选大总统，便邀其来京。经过13次会谈，袁世凯终于得到孙中山不竞选的承诺，但条件是授予孙中山筹划全国铁路全权的职务，孙中山想在10年内修20万里铁路。孙中山第二次到京期间，曾由孔祥熙陪同游览过碧云寺，当时孙中山登上寺内的金刚宝座塔顶部平台，发现一株柏树的九个树枝被人用绳索缠绕、石块压迫，摧残成盆景模样。孙中山亲手解除绳索，搬开石块，并且告诫寺院僧人不要再摧残柏树，这株柏树就是至今犹存的"九龙柏"。第三次孙中山进京，不幸病逝，停灵香山似乎是冥冥之中的一种缘分。

■ 魂憩香山

1924年10月23日，曾在"辛亥革命"中参加过滦州起义的直系将领冯玉祥，率军发动了"北京政变"，推翻了直系军阀首领曹锟任大总统的政府。冯玉祥为表示拥护国民党总理孙中山，将自己的军队改称为国民军，并于11月4日电请孙中山来京指示"一切建国大计"，奉系军阀张作霖和皖系军阀段祺瑞也表示欢迎。12月4日孙中山抵达天津。但是此时已经风云突变，段祺瑞不待孙中山到京，已于11月24日成立民国临时政府，自任相当于大总统职权的"临时执政官"，张作霖也违背诺言进军关内抢占地盘，冯玉祥遭受排挤，隐居于京西天台山。孙中山因一路海上奔波，招感风寒，引发肝病，迟至12月31日16时才由天津乘火车抵达北京前门东车站。

---

① 刘曼容：《孙中山对冯玉祥北京政变的认识变化考析》，载于《学术研究》，2004年第11期。

北京西山

    疾病与时局的双重打击，孙中山一病不起，被紧急送往协和医院治疗，于 1925 年 3 月 12 日逝世，终年 59 岁。

    革命先驱孙中山逝世，举国震动。公祭计划在中央公园社稷坛举行，据报载，从协和医院到中央公园，一路上"几无一片隙地"；东单三条及帅府园的交通完全断绝；王府井也人山人海，前来送葬的北京市民超过 12 万人。前往中央公园社稷坛拜殿吊唁的团体和个人络绎不绝。仅 1 周时间，公祭处共收花圈 7000 余个，挽联 5900 余幅，横条幅 500 余件，唁电、唁函不计其数，吊唁签名者达 74 万多人，而那些未留名者更是数不胜数。当时全北京不过 200 多万人，如此大规模的祭奠几乎成为全民行动，显示出人民对孙中山先生的爱戴和对他政治主张的拥护。

---

① 王春华：《生命最后时刻的孙中山》，载于《贵阳文史》2012 年第 2 期。

孙中山生前希望安葬于创建中华民国之地南京的紫金山,而南京中山陵工程浩大,短期内不能竣工,国民党治丧委员会考虑到当时的政治形势和安全因素后决定,选择山水环境优越、相对僻静安全和基础设施较完备的香山作为暂厝之地。在社稷坛公祭后,将孙中山灵柩移入香山碧云寺金刚宝座塔内。就这样,孙中山的灵柩在碧云寺一放就是4年。直至1929年南京中山陵建成。国民政府将孙中山先生重殓时换下的民国大礼服等衣物放回原殓之楠木棺中,封入金刚宝座塔内,设立"孙中山先生衣冠冢",并立碑纪念,还将做过灵堂的碧云寺普明妙觉殿辟为"总理纪念堂"(今为孙中山纪念堂),成为人们缅怀和瞻仰孙中山的一处纪念圣地。

三 益寿堂中话春晓

颐和园是中国最好的公园之一，大山大水，整体面积有 3.2 平方千米。它是中国皇家园林的杰出代表，是珍贵的世界文化遗产。益寿堂偏居万寿山东麓，曾是慈禧太后在游览景福阁时用膳、更衣并休息的地方。院门前假山树木掩映，若不留心寻找可能就会错过。然而就是这座不为人熟知的小院，却在中华人民共和国建设史上留下了它的印记，目睹了政权更替、北平解放、民主人士来京等一系列历史大事。

■ 见证历史

1949 年 1 月 19 日，国民党将领傅作义在《关于北平和平解放问题的协议书》上签字，并宣布自 1949 年 1 月 22 日 10 时起国共双方休战。1 月 21 日至 2 月 1 日，北平军管会主任兼北平市长叶剑英移住颐和园万寿山益寿堂，指挥部署解放北平的工作，益寿堂成为北平市政府的临时办公场所。1949年1月29日，按照《关于北平和平解放问题的协议书》的规定，国共双方派代表成立了一个临时联合办事机构，负责处理和完成接管北平和平解放的各项工作，并在益寿堂召开第一次会议。会议决定：联合办事机构为临时性质的工作机构，其任务是做好接管北平的具体事宜。1月31日，人民解放军进城接管，北平宣告和平解放。2月1日，双方代表又在益寿堂旁的景福阁召开第二次会议。这次会议将办事机构名称改为"北平联合办事处"。会议商讨了双方部队换防、交接等事宜。2月2日，北平市人民政府方移入城内办公。2月3日，中国人民解放军举行开进北平的入城式。联合办事处的设置为和平解放、和平接管北平，为中共中央进京做好了准备工作，也为中华人民共和国在这里建都奠定了坚实的基础。

■ "进京赶考"的第一驿站[①]

1949年2月，党中央决定把领导机构迁往北平。3月23日，按照中共七届二中全会的决定，毛泽东率领走过炮火硝烟的共产党人，从西柏坡向北平进发，正式开启了中国共产党波澜壮阔的执政生涯。毛泽东形象地称之为"进京赶考"。3月25日，由毛泽东率领的中央领导同志从西柏坡到达北平清华园火车站后，直接来到颐和园益寿堂休息。参与接管工作的第一任颐和园党支部书记柳林溪，在他的回忆录中记录了毛泽东来到颐和园后提出

---

① 舒云：《从西柏坡到中南海》，长征出版社2011年版。

的公园管理方针:

> 我们不但要管好现在的公园,今后还要建造许多新公园,以后要让工农老百姓都能逛公园,搞好公园也是为人民服务。

■ 诗人情怀[1]

毛泽东与颐和园益寿堂的渊源还未止于此。益寿堂更见证了毛泽东与民主人士的诚挚友谊。毛泽东与柳亚子的三次握手就是一段佳话。

柳亚子(1887～1958年),江苏吴江人。曾任孙中山总统府秘书,中国国民党监察委员。1948年1月被选为民革中央常务委员兼秘书长。

1949年2月,柳亚子和许多民主人士一起,应毛泽东的邀请,离开香港,到颐和园益寿堂赴宴,柳亚子感慨万千,即席赋诗三首。其中一首写道:"二十三年三握手,陵夷谷换到今兹。"这里提到的三次握手,就是指毛泽东一生中与柳亚子三次具有历史意义的聚会。第一次是1926年5月在广州,第二次是1945年毛泽东在重庆谈判期间,第三次是1949年在北京。

1949年3月25日毛泽东与柳亚子在颐和园的第三次握手后,毛泽东很希望柳亚子能一起在北平共商治国大事,但柳亚子家乡吴江县还在国民党统治之下,因此很想待家乡解放后,便回乡隐居。于是在赴宴后的第三天,他又写了一首七律给毛泽东,题为《感

---

[1] 冯锡刚:《柳亚子与毛泽东的诗交》,载于《炎黄春秋》,1995年第10期。

双清别墅（位于香山公园南麓的半山腰，当年毛泽东就是从这里乘车到颐和园益寿堂拜访柳亚子先生）

事呈毛主席》，诗云：

开天辟地君真健，说项依刘我大难。
夺席谈经非五鹿，无车弹铗怨冯驩。
头颅早悔平生贱，肝胆宁忘一寸丹！
安得南征驰捷报，分湖便是子陵滩。

毛泽东读了柳亚子给他的诗，发觉其中有归隐之意，便在4月29日和了一首七律，题为《和柳亚子先生》，诗云：

饮茶粤海未能忘，索句渝州叶正黄。
三十一年还旧国，落花时节读华章。
牢骚太盛防肠断，风物长宜放眼量。
莫道昆明池水浅，观鱼胜过富春江。

柳亚子初到北平时住六国饭店，自 4 月 25 日起，则移居颐和园益寿堂，故毛泽东诗中有"莫道昆明池水浅"之句。诗中，毛泽东回顾了与柳亚子先生的交往与友情，以亲切的平和态度劝慰先生，要从长处着眼，以宽广的胸怀对待个人得失，并诚恳地希望先生留下来与共产党共商国家大业，继续坚持革命工作。整首诗情真意切，娓娓道来，充分体现了毛泽东爱人以德、重人以才的伟大胸怀。柳亚子接读毛泽东的和诗后，甚是感动，立刻赋诗二首。

其一《次韵奉和毛主席惠诗》：
东道恩深敢淡忘，中原龙战血玄黄。
名园容我添诗料，野史凭人入短章。
汉彘唐猫原有恨，唐尧汉武讵能量。
昆明湖水清如许，未必严光忆富江。

其二《叠韵寄呈毛主席一首》：
昌言吾拜心肝赤，养士军倾醴酒黄。
陈亮陆游饶感慨，杜陵李白富篇章。
离骚屈子幽兰怨，风度元戎海水量。
倘遣名园长属我，躬耕原不恋吴江。

从两诗的末句"昆明湖水清如许，未必严光忆富江"和"倘遣名园长属我，躬耕原不恋吴江"来看，表明柳亚子先生接受了毛泽东的劝留，愿意与中国共产党肝胆相照，留在北平共商建国大事。5 月 1 日，毛泽东在百忙中腾出时间，从香山乘车到益寿堂拜访柳亚子先生。当车到了颐和园东门时，柳亚子先生早已在那里等候多时。见面后两位老友一边喝茶，一边纵古论今话英雄。毛泽东走后，柳亚子先生按捺不住心中的兴奋和激动，立刻赋诗一首，将对毛主席的崇敬、感激和喜悦之情尽述于诗中，并再次表明愿意留下来，共建大业。诗云：

朽木难雕午梦忘，衣冠颠倒讶苍黄。
南阳讵敢劳三顾，北地犹堪赋百章。
挈妇将雏都磊落，同舟联步费商量。
名园真许长相借，金粉楼台胜渡江。

四 宋庆龄故居忆往[1]

在北京的历史名园中，有一类是由王府花园发展而来的。这些府邸在中华人民共和国成立后或作为机关团体办公之用，或作为中央领导社会名流憩息之所。前者如恭王府花园，后者如醇亲王府花园。由于曾与名人的工作生活息息相关，因此谈起这些名园必有说不完的故事。宋庆龄故居便是一例。

■ 幽雅的庭院别有意蕴

在北京西城后海北沿，有一处门牌46号的中国式庭院，幽静的园内假山叠翠，花木成荫；清澈的湖水，曲折环绕；活泼的金鱼，在水中嬉游穿梭。这里就是中华人民共和国名誉主席宋庆龄

---

[1] 该部分内容根据宋庆龄故居官方网站整理。

宋庆龄故居

的故居。中华人民共和国成立后，党和政府原计划为宋庆龄同志在北京专门修建一座住宅，但她却以国事百废待兴，一再逊谢。最后在周总理的亲自过问下，才借此王府花园，葺旧更新。宋庆龄于1963年迁居到此，在这里工作、学习和生活了近20年，直至1981年7月29日溘然长逝。

这座园子原是中国末代皇帝爱新觉罗·溥仪的父亲醇亲王载沣的府邸花园，也称西花园，面积虽然不大却雍容典雅，曲径回廊，山石嶙峋，古树参天，竹影婆娑，与宋庆龄谦和宁静的脾气秉性十分相配。

故居的主楼建于1962年，是一座中西合璧的两层楼房，外观仿古，与内景和谐一体。庭院当中，可见清碧的湖水将主楼和草坪紧紧环抱，后湖畔有一鸽子房。因宋庆龄喜爱鸽子，常在工作之余亲自喂食。

主楼的占地面积并不大，里面的陈设也很普通，一部分家具还是从宋庆龄在上海的住所搬来的旧家具，各种颜色的家具凑在一起，风格各异，并不协调配套。宋庆龄的书房、卧室、办公室是一室三用的，她的专用厨房也非常狭窄，只能由一位厨师下厨操作。好在卧房的回廊比较宽敞，晚年的宋庆龄腿脚不便，就经常趴在这条较长的阳台上晒太阳、观风景。正对暖道的草坪里有一株参天的槐树，据说是醇亲王载沣当年修建花园时栽下的。中华人民共和国成立初期，这株树遭受雷电袭击后，树形呈凤凰展翅状，宋庆龄给这株槐树起名为"凤凰国槐"。

故居里的原状陈列为我们还原了一个生活简朴和充满真情的宋庆龄。她和保姆李燕娥之间的故事更让人感动。李燕娥18岁就到了宋庆龄家里，为她服务了一辈子，宋庆龄称李燕娥为"李姐"。李姐逝世比宋庆龄早4个月，宋庆龄把李姐葬在宋氏家族墓地，与宋氏家族成员一样对待。平时，李姐住在朝北的一个带阳台的房间，房间的面积很大。宋庆龄对李姐非常好，给李姐买收音机，制作相册，与李姐吃饭共用小方桌和椅子，让李姐坐在向南的主座，而自己坐在右侧偏座。宋庆龄对身边其他人也一样关心爱护，她每次出差回来都要给身边工作人员送小礼品，年节时把身边工作人员的孩子请来一起照相。

1982年5月29日，经中央书记处批准，宋庆龄故居对外开放，成为人们追念宋庆龄鞠躬尽瘁崇高精神的纪念地。

■ 再进北京城

1949年，宋庆龄婉拒了毛泽东邀她北上的邀请。但她对中华人民共和国的诞生充满希望，顶住国民党蒋介石的压力，留在上海迎接解放。同年 6 月，新政协第一次筹备会议在北平举行，毛泽东和周恩来商定，再次邀请宋庆龄北上，并决定派一位特使专程去接宋庆龄。6 月底，邓颖超带着毛泽东和周恩来两封亲笔信，在许广平、罗叔章的陪同下从北平出发。

在1949年之前的50多年中，宋庆龄只到过北京两次，而这两次都与悲痛连在一起。第一次是1924年年底，宋庆龄陪同孙中山应冯玉祥之邀，到北京共商统一大计。可一到北京，孙中山就病倒了，协和医院诊断为肝癌晚期，并于1925年3月12日病逝。孙中山逝世后，宋庆龄好几天不讲话。

4 年之后，1929 年 5 月，宋庆龄第二次来到北平，这次是为了将孙中山灵柩南移。在碧云寺的孙中山灵堂，4 年前的悲痛再次降临。自此之后，宋庆龄害怕提到北平，因为那里是她同她最敬重、最亲爱的人的诀别之地，一提到北平，宋庆龄就伤心不已。

经邓颖超几次劝说后，宋庆龄终于接受了毛泽东和周恩来的邀请，决定离沪北上，共商建国大业。

此后，她作为国家重要领导人长期工作生活在北京，为中华人民共和国的建设和发展做出了很多贡献，为全国人民所敬仰，被誉为"国之瑰宝"。如今，瑰宝亭左侧由前国务院副总理方毅题字"国之瑰宝"的巨石就静静地伫立在宋庆龄故居的苍松翠柏间。

五 北京动物园的历史钩沉

■ **立宪遗产开风气之先**

1900 年，八国联军入侵北京。1901 年慈禧太后签订了丧权辱国的《辛丑条约》。慈禧太后为挽清朝衰落危局，有意效仿欧日的改革而推行清末新政。新政主要推行君主立宪[①]、建立清朝新军、废除科举、整顿财政等一系列改革。在这一大背景下，1905 年 7 月 16 日，清朝政府一纸令下，正式宣布派遣端方（1861～1911 年）、戴宏慈等五位大臣出访日本和欧美等国家，进行实地考察。虽然考察的主要方向是政治政体方面的状况，但在考察宪政之余，这些官员们也对日本和欧美社会的物质和文化事业产生了浓厚的

[①] 马东玉：《五大臣出洋考察与清末立宪活动》，载于《辽宁师范大学学报》，1987 年第 1 期。

兴趣。

回国后，五大臣便立刻奏请在京师筹办休闲公共设施。清朝统治者也觉得"开通风气，兴办农业"要远比"实施政改，君主立宪"容易得多。于是1906年由商部（后为农工商部）奏请筹建农事试验场。在奏折呈上去10天后，接到回复，"奉旨：依议。钦此。"

农工商部在得到圣旨后，随即开始筹建。清农事试验场总计占地面积71公顷。设有植物园、农产品试验地和动物园。其中动物园面积最小，仅1.5公顷。1907年7月，已任两江总督兼南洋大臣的端方自德国购回一批野生动物，转送清农事试验场。这批动物包括1头大象、2头狮子、3只老虎、2匹斑马、2头花豹、2头野牛、4只熊、1只羚羊、4只袋鼠、4只鸵鸟、6只仙鹤、8只鹿、14只天鹅、38只猴等，林林总总装了59个笼子。购买野生动物的总价款为6万马克，加上从汉堡至天津、天津至京城运费、饲料费共计白银29704两。这近百只动物就是动物园的首批动物，也是中国最早饲养展出的野生动物。随着首批动物的到京，还有2名德国饲养工人到京。他们在中国停留了1年，一方面料理动物，一方面负责指导中国工人饲养这批野生动物。这期间，农工商部致函各国出使大臣代为购买鸟兽，各省也要呈送各种动物到京。各地督、抚解送本省的珍禽异兽到京。慈禧也将自己喜爱的1只小猴御赐给动物园。王公大臣纷纷效仿慈禧，将所养的动物送给动物园。这其中包括奕匡送的鹿、载振送的石猴、袁世凯送的寿星猴、内务府大臣继禄送的1匹八蹄马等。此外，德国驻四川领事还给动物园赠送了2只熊。

1908年，清政府在社会巨大的压力下，颁布了《钦定宪法大纲》，承诺确立君主立宪制政体，成立代议会，但又补充说"9年后实行"。为缓解政改压力和社会不满，又恰逢清农事试验场全部建成，于是清政府借农事试验场向社会开放，释放开明改革的新气象。因此动物园开放初期，动、植物展出种类繁多。来自国内外的各种花卉、果蔬及五谷均在此播种试验。陈列室、试验室、标本室、照相馆、咖啡馆等一应俱全，当时京城人称其为"博览园"，动物园成为中国人看世界的一个窗口。

1908年，光绪皇帝与慈禧太后相继去世，溥仪继位，即宣统帝。其父载沣担任监国摄政王。1911年5月，清廷组成由庆亲王奕劻领导的"责任内阁"，这是中国历史上首次君主立宪。不过，该内阁中的很多成员为皇族身份，故被称为"皇族内阁"，引发立宪派的失望和不满，很多人转向与革命派合作。不久"辛亥革命"爆发，清王朝连同君主立宪的谎言一同灭亡，唯有动物园作为立宪运动中产生的一个新生事物流传下来。

■ 民主共和塔映丹心

在北京动物园西部一片幽静的园林中，有一组独特的古建筑。中式的鬯（chàng）春堂与西式的畅观楼，中间隔着一桥、一溪，南北相望。在这一楼和一堂中间，一片苍翠松柏簇拥着一块石碑，上刻宋教仁纪念塔遗址。在北京动物园鬯春堂附近还有一个景点就是宋教仁纪念堂。

宋教仁（1882～1913年）是中国民主革命先行者、中华民国的缔造者、民国初期首倡内阁制的政治家。

1912年2月孙中山为实现南北统一，让位袁世凯当总统，宋教仁出任民国第一届内阁农林总长。他不住在临时政府所在地西苑，而是住进农事试验场内的鬯春堂。吃着农事试验场自种的稻米和时令蔬菜，粗茶淡饭却怡然自得。他还亲手在鬯春堂周围栽种三株松树以明志。7月，宋教仁提出辞职，此后他仍住在鬯春堂内。8月成立中国国民党，宋教仁代理理事长，主持日常党务工作。在随后举行的国会两院选举中，国民党获得压倒性的胜利。年底，宋教仁离开鬯春堂，沿江东下。从长沙、武汉、安徽到上海，再到杭州、南京。

这时的宋教仁还沉浸在众望所归的兴奋中，他在1913年3月2日游杭州时所写的《登南高峰》一诗中就有"海门潮正涌，我欲挽强弓"这样的诗句。虽然是写景，抒发的却是他胸中的抱负，其时大选获胜，他组织政党内阁，制约袁世凯，实现民主的时光已经指日可待。所以他的诗里洋溢着的是一种胜利者的喜悦。甚至临终前他还致电袁世凯寄予殷切的期望。

时代的潮流将32岁的宋教仁推上了政治的浪尖，他虽然只是一介在野的平民，却成为万民瞩目的人物。他依据约法，以国会为后盾组织内阁已成定局。野心勃勃、不想受到任何制约的袁世凯在暗杀之外，找不到另外的办法阻止这一结果的发生。因此宋教仁为他的宪政理想付出了年轻的生命。1913年3月20日，宋教仁在北上途中于上海车站被暗杀。

宋教仁英年罹难后，孙中山先生含悲题写挽联："做公民保障，谁非后死者；为宪法流血，公真第一人。"1916年，由继任农林总长募集捐资，在鬯春堂的北面建一处宋教仁纪念塔。纪念塔在"文化大革命"时期被毁，仅存两层基座。2009年为铭记这位"白眼观世界，丹心报国家"的民主革命先驱，动物园在原址建碑一座，以滋纪念。

六 植物园曹公行迹

位于京西香山脚下的北京植物园，不仅是一座植物博物苑，还是拥有众多古迹的历史名园，其中关于文学家曹雪芹的传说一直被人们津津乐道。

■ 栖居西山[①]

曹雪芹是中国古代名著《红楼梦》的作者，很多人相信曹雪芹所著的《红楼梦》写的就是他自己和他自己的家。据史料记载，曹雪芹诞生在位于南京大行宫的江宁织造府内。江宁织造府，又名大观园，位于如今南京的市中心大行宫地区，清朝康熙皇帝6次下江南，有5次就住在江宁织造府内，可见当时曹公的家是多

[①] 李明新：《曹雪芹与北京西山》，载于《中关村》，2012年第9期。

么风光。可惜，好景不长，曹家获罪于朝廷，偌大曹府顷刻间灰飞烟灭。穷困潦倒而又才华横溢的曹雪芹由此在颠沛流离的生活中深邃地思考，开始增删《风月宝鉴》。经过10年寒窗，终于在1750年把《风月宝鉴》改写成了《石头记》。晚年，曹雪芹移居北京西郊黄叶村，生活更加穷苦，"满径蓬蒿""举家食粥"。但他以坚韧不拔的毅力，专心致志地从事《红楼梦》的写作与修订，最终于血泪交织中写出了千古名著《红楼梦》。

曹雪芹的《红楼梦》世人皆知，而他的另一著作《废艺斋集稿》，是一部记载我国工艺技术性的作品，多在爱好技艺的圈内人中流传。曹雪芹在这部书中打破了中国文人"百工之人，君子不齿"[1]的陈旧观念，详细记载了金石、风筝、编织、印染、烹调、园林设计等8项工艺流程，目的是为了让残疾人能够以艺养身。曹雪芹曾热心教会残疾人于叔度扎糊风筝，助他以此业养家。他在《南鹞北鸢考工志》自序中写道：

是岁除夕，老于冒雪而来，鸭酒鲜蔬，满载驴背，喜极而告曰："不想三五风筝，竟获重酬；所得共享之……"

这不仅反映了曹雪芹与于叔度的友谊，更反映了曹雪芹扶弱济困、助人为乐的高尚情怀。那么曹公在西山的故居在什么地方？在20世纪的70年代前，很多红学家曾在香山卧佛寺一带寻找。

---

[1] 张以桃：《〈师说〉一文"君子不齿"的注释商榷》，载于《合肥教育学院学报》，2002年第8期。

墙壁题诗泄露天机

1971年,在红学家们苦苦寻找曹雪芹故居时,正白旗村39号老屋的西屋墙壁上发现了"题壁诗"。[1]居住在正白旗村39号院的主人叫舒成勋,是原北京二十七中学的退休语文教师,满族人,其祖上为正白旗人。舒老先生家的西房房顶的二椽断了,于是准备维修。

1971年4月4日在搬动家具时,一不小心,床板的角碰掉一块西墙皮,发现里面还有一层白灰墙,墙皮上还写着很多字。后经仔细剥离,发现西墙60%的面积都写有诗句,而且文字的排列有序。有菱形的、有扇形的,有诗词也有对联。先后发现8首。"题壁诗"的字体分为两种。经一些红学家如胡德平先生和舒成勋老师的考证,以及一些社会人士提供的多种资料,证实"题壁诗"为曹雪芹和他的好友鄂比所写。

"题壁诗"发现后,相继出现了两位和"题壁诗"有关的重要人物。一位是北京风筝协会副会长孔祥泽,另一位是家里有两只祖传曹雪芹书箱的张行。孔祥泽老先生在年轻时曾看见过曹雪芹的佚著《废艺斋集稿》,抄写过其中专门介绍风筝制作的《南鹞北鸢考工志》,所以对曹公的字体很熟悉。他一看"题壁诗"中的一种字体,就觉得和曹公《南鹞北鸢考工志》的字体一样。特别是通过孔祥泽老先生的考证,其中一种字体应为曹雪芹所书,另一种字体有的署名"拙笔"。当然拙笔是一般文人的谦虚说法,

---

[1] 樊志斌:《曹雪芹京西居所、行迹研究及相关问题考辨》,载于《曹雪芹研究》,2015年第2期。

曹雪芹故居

可以泛指。但这里的拙笔，一些红学家认为是鄂比的虚称，即鄂比所题。因为鄂比正是住在正白旗村，与曹公来往频繁，常常在一起饮酒论古，赋诗作画。只有作为同村近邻，日常交往才会方便。尤其是"题壁诗"中有一副对联"远富近贫以礼相交天下有，疏亲慢友因财绝义世间多"。曾在香山附近居住的张永海老人曾说过，这副对联是鄂比送给曹公的。在发现的"题壁诗"中，正巧有这副对联，得到实物印证。

张行先生家有两只祖传的书箱，书箱上也有两种字体。而且这两种字体竟和"题壁诗"的两种字体完全一样。后经红学家考证，这两只书箱是鄂比送给曹雪芹的。两只书箱上正面都有"拙笔写兰"的字样，且有鄂比画的兰花。

鄂比的字画在香山一带很有名。在曹雪芹纪念馆的北边有一座关帝庙，相传以前为龙王庙，庙的北墙上现还有鄂比画的"墨龙图"。在其中一只书箱里面有曹雪芹亲笔为其妻芳卿写的"五行书目",即藏五种书的题目。

"题壁诗"的落款有的注是"丙寅"年,这"丙寅"是一重大发现,表明乾隆十一年(1746年)曹雪芹已到西山。这也为曹公何时到西山提供了重要依据。

"题壁诗"自1971年发现以来至今已40余年,但在红学界一直是争论不休。2008年曹雪芹纪念馆聘请公安部资深文检专家李虹先生对"题壁诗"再次进行了鉴定。李虹先生曾到美国接受过文检方面的专业训练,参加了国内很多大案要案的文字鉴定工作,具有丰富的文字笔迹的鉴定经验。李虹先生通过对"题壁诗"的字体、张行家藏书箱上"五行书目"的字体以及孔祥泽《南鹞北鸢考工志》"曹雪芹自序双钩摹本"的照片字体的对比,研究得出结论,认为这三个物件("题壁诗"中的两种字体之一)上的字体确为一人所写。

■ "曹雪芹小道"演绎传奇

2013年是曹雪芹逝世250周年,由北京曹雪芹学会和曹雪芹纪念馆推出了一项名叫"曹雪芹小道"的文化旅游项目。

小道的南段在北京植物园内,起始点是黄叶村,终点是白家疃。相传,白家疃村的西头有一座小石桥,桥旁的两间房屋(有的说可能是小庙)就是曹雪芹故居。后经红学家考证,白家疃村有曹雪芹的故居不太可能,但应该是和曹雪芹有关的地方。曹雪芹当年经常翻过寿安山到白家疃村去给当地的百姓看病,要看病得有一个场所,或可能当天回不了家,就留宿在此。还相传他曾给一位叫白媪的老太太治好眼疾。曹雪芹从黄叶村（正白旗村）到白家疃村走的路，被称为"曹雪芹小道"。

这条小道上现在有20多处景点。在植物园里有黄叶村、引水石渠、古井、古碉楼、龙王庙、卧佛寺、万佛亭、广慧寺、隆教寺、寿安山石刻等，樱桃沟里的水流云在之居、水源头、元宝石、石上柏等，更是曹雪芹常去的地方。在水源头的南边有一块巨石，其形状像个大元宝。据传当年曹公就是看到元宝石，才产生了《石头记》的灵感，并称其为"假宝玉"。《红楼梦》第一回，开卷就提到，一僧一道席地坐在青埂峰下，见着这块鲜莹明洁的石头，且又缩成扇坠一般，甚属可爱，那僧托于掌上，笑道："形体倒也是个宝物了。"

从樱桃沟往北上山，经广泉废寺到山顶的三炷香，再往北下山就到白家疃村。近些年白家疃村在"曹雪芹小道"的北段开发了旅游项目，并修建了"曹雪芹小道景区"。

北京公园的故事很多，闲暇时间亲自去逛一下这些公园，身临其境，就能感受到北京的悠久而丰富的历史文化。

破解朝内81号『鬼宅』之谜

/王兰顺

北京朝阳门内大街 81 号院有两栋建于 20 世纪 20 年代的小洋楼，由于年久失修，且楼体上长满了密密麻麻的爬山虎，显得有些阴森。不知从何时起，这里有了"鬼宅"的传说，随着惊悚电影《京城 81 号》（2014 年）、《京城 81 号 2》（2017 年）的热映，这里更被炒得沸沸扬扬。在"鬼宅"的故事充斥于微博、微信的同时，这里每天都会有许多的猎奇者、探险迷聚集，夜间不时还会有人为寻找刺激翻墙而入，一时把"鬼宅"给弄成了"闹屋"。

一、被惊悚了的朝内81号

朝阳门内大街81号院占地面积约有小半个足球场大，院内有两栋欧洲巴洛克式的洋建筑，地上三层带地下室，顶层有阁楼，覆以法国"蒙萨"式的屋顶①和拱形装饰窗。

时光流转，这两栋小楼周边的环境发生了很大变化，在20世纪90年代末，随着城市改造，这两栋小洋楼被列入拆改范围，里面的原住居民也被迁走。

后来这两栋小楼并未如期拆改，一直闲置在那里。偶尔有电视、电影剧组来此借景拍戏。由于没人居住，原来围绕小楼生长用于遮阴，垂直绿化的爬山虎疯长到被卸下窗框的窗户里，透过

---

① "蒙萨"式的屋顶：起源于法国的独特屋顶形式，也称其为复折式屋顶或折坡屋顶。这种屋顶形式最早可能来源于早期法国人在哥特建筑的石砌屋顶，顶部是用木架支撑起的陡坡，它们用来更便利地排水，避免石屋顶被水侵蚀。参看《世界遗产》2015年4期。

朝内大街 81 号院内

爬山虎人们可以看到窗户里黑洞洞的空间。近 10 年来，有许多热爱城市探险的青年纷纷来此，他们将自己的探险经历进行夸张并加上想象，臆造出"81 号院"闹鬼的传言。一些文学和影视界人士也从中萌发出灵感写出了一些文学及影视作品。这更让人们信以为真，久而久之，朝内大街 81 号是凶宅、鬼楼的说法就流传开来，甚至被称为京城"四大凶宅"之首。

2013 年底，某电影公司根据小说《朝内 81 号》筹拍同名电影，并按照小楼的外观进行实景还原拍摄。2014 年 5 月《京城 81 号》发布，影片里不断出现的惊悚情节及画面，一下就抓住了当今年轻人的猎奇心理。电影《京城 81 号》的热映，直接催生了 2017 年《京城 81 号 2》的拍摄和广受关注。这两部影片使朝内大街 81 号宅院名声大噪。对这两部影片感兴趣的人们都认为京城 81

号即为朝内大街81号院。虽经有关方面多次声明此处是民国时期美国天主教会用于培训传教士的语言学校——华北协和话语学校旧址，希望大家理性对待艺术作品与真实历史建筑的差距，同时也希望媒体、影视和网络不要进一步扩大炒作和宣传，但却无法阻挡人们的猎奇与"体验"心理，依然有许多年轻人来此探访。

二 以讹传讹——华北协和话语学校

朝内大街81号院落真的是华北协和话语学校的旧址吗？

朝内大街81号"闹鬼"之说当然荒诞，但是"华北协和话语学校"旧址之说也非事实。有关单位为了让人们不要陷入电影虚幻故事，向外界解释：此处是民国时期美国天主教会用于传教士的中文培训和提供他们休息的华北协和话语学校。此处1930年后改名为加利福尼亚学院，开始招生。

外界对这一说法的解释，大多来源于一部2005年由北京市东城区编纂的《东华图志》[①]对朝内大街81号历史的介绍。而《东华图志》对于朝内大街81号的解释又来源于哪里呢？

20世纪90年代末，朝内大街81号院险些被拆除，幸被发现制止，虽按原貌恢复，但房屋结构已出现隐患，成为危楼而被

---

① 陈平，王世仁：《东华图志》，天津古籍出版社2005年版，第818页。

闲置起来。但楼体上大大的"拆"字却格外抢眼。也就在这段时间，有个美国记者路过这里，错将这两栋小楼与再向西一站地的北京外交人员服务局后面的原"华北协和话语学校"建筑混淆，而写出了一篇《一栋记录中美历史关系的学校将被拆除》的报道，文中还描写了美国汉学家费正清等人在这里学习的一些故事……那位美国记者的文章发表后不久，正值北京市东城区编纂《东华图志》，这篇美国记者的文章，引起了编撰组的注意。《东华图志》的编撰人员，费尽周折终于用电话与那位美国记者进行了沟通，但由于语言障碍，编撰人员将这里编写为"加州话语学校"的所在地。这一以讹传讹的解释甚至被2007年北京市规划委员会、北京市文物局公布的《北京市优秀近现代建筑保护名录（第一批）》所采用，以至于后来经常被各种文章作为权威材料引用。

三、朝内81号院落设计建造者——普意雅

通过查阅大量的档案史料，并到当地派出所查阅1965年的新旧门牌对照表得知，朝内大街81号在1965年以前的门牌为69号。

知道朝内大街81号就是老门牌69号之后，再翻阅1949年以来的户口登记表得知原来在这里居住的是朱德容女士。这个登记表还显示朱德容于1885年10月25日出生在广州，是一位操粤腔说话的知识女性。再通过相关的档案史料得知朱德容女士的丈夫就是曾任平汉铁路总工程师的法国人普意雅（G. Bouillard）先生。

户口登记表还记载，1921年2月6日，普意雅与朱德容入住这里，再翻阅房产档案得知，起初这里是乐铭盘与王有瑞合开的一个占地面积较大的商铺，1922年普意雅以朱德容的名义正式购置了朝内大街69号的宅基地，他们无法掩饰自己对这块宅

普意雅像

基地的梦想，于是由普意雅设计施工，建造了两栋富丽堂皇的洋式住宅楼。

从档案中记载的朝内大街 69 号平面图中得知在这两栋洋楼的前面原来是一座带有花窖子的大型花园。这就是普意雅与朱德容所要实现的法国式的浪漫生活。

档案记载，这座院落原占地 4 亩 6 分 8 厘 2 毫，有楼房 58 间、瓦房 8 间半、灰房 3 间、灰棚 3 间。置办这样一个大院落，还有这么漂亮的小洋楼，在当时一般的市民家庭是不可想象的，普意雅是什么人？为什么这么有钱？

通过考证得知，朱德容的丈夫普意雅先生，1862 年出生于法国，是法国当时的国立中央工艺学院工程师，1898 年受聘于清朝政府，来华测绘当时中国铁路沿线的详细地图，后来又任平汉铁路北段总工程师，1906 年升任该铁路全路总工程师，待遇非常优厚。普意雅在清末民初与比他小 20 岁的中国广州知识女

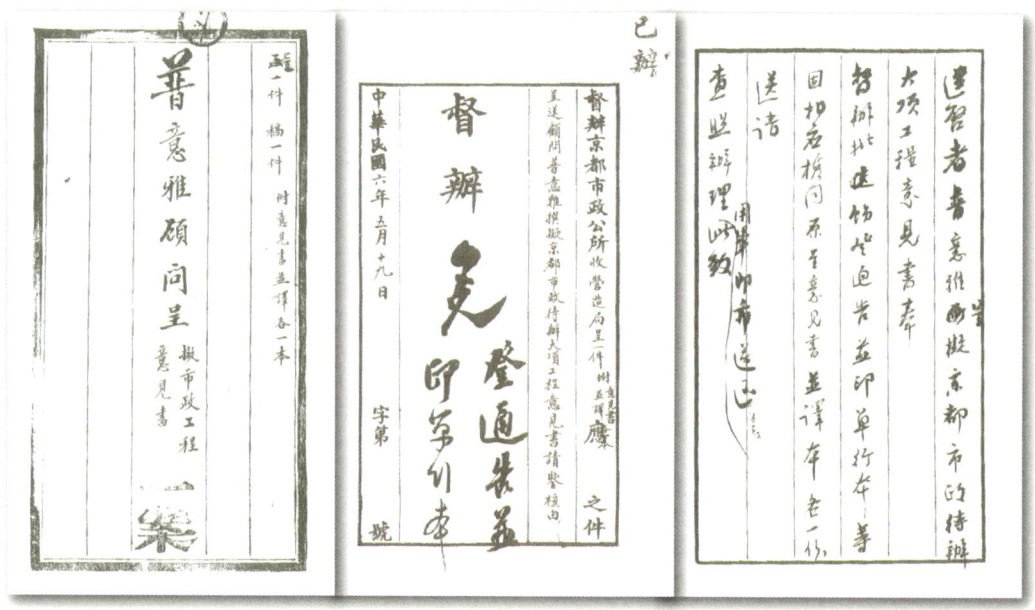

普意雅1917年拟市政工程意见书

性朱德容结婚。普意雅在事业上的辉煌并没有因为大清朝的轰然倒塌而受到干扰，相反他凭借自己的技术实力，很快又得到了新政府的重用。普意雅夫妇结婚后经过了近10年的积蓄，以朱德容的名义，置办了朝内大街69号院的这份产业。

　　从后来普意雅在中国所保留下来的绘图、著作和一些老照片来看，他非常敬业，并且非常热爱中国的文化。他绘制的地图主要是为兴建铁路而编制的精度极高的地形图。在编绘《中华民国国有铁路沿线地图》的过程中，他对中国的地形、地质、矿产及古迹等都产生了浓厚的兴趣，以至于进行了深入研究。他在本职工作以外，还不辞辛苦地拍摄并收藏了大量同时期以北京为主、以平汉铁路线周边地区为辅反映当时风土人情的照片。

　　1917年普意雅作为中国政府顾问，其地位达到了高峰，意见和建议也备受重视。1917年5月,普意雅给北京都市营造局呈拟的意见书中,对北京市政待办的大项工程进行了阐述,其中对科学测绘、自来水沟渠建设、街道及电车、电灯的建设、林囿公园的建设等建议,得到了北京都市营造局的采纳和办理。同年7月,正值汛期,普意雅在勘测京汉铁路沿线的过程中,发现铁路沿线所经过的地区经常会出现水患。针对这一问题,他撰写了《水灾善后问题》,由同事华南圭翻译为中文,进行发表。在文中他以"事实陈述、中国北省之河道、中国北方之源流、旦夕之危险与天津将来之淹灭、预防水患之法、人造大湖、京汉路线所经水流之特别研究、筑造集中水池之概算"为章节,建议中国政府应该兴建水库等水利设施。并在文章开头写道:"关于中国北省者、

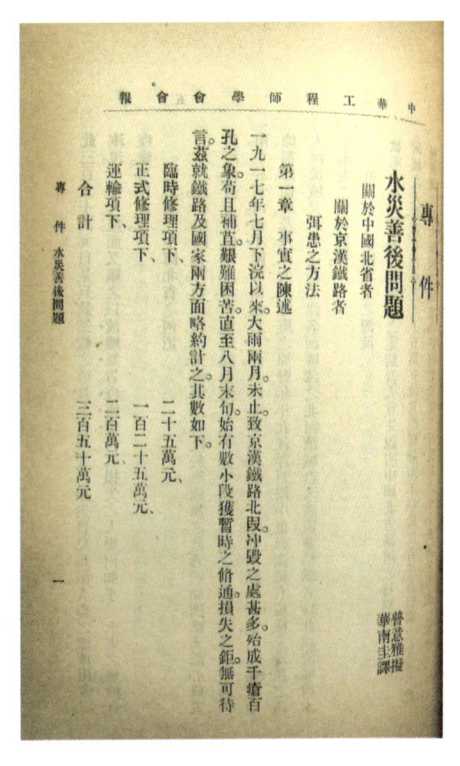

《水灾善后问题》普意雅作

关于京汉铁路者——弭患之方法。"

普意雅绘制的北京东交民巷使馆分布图、京师华商电灯公司拟由西便门至石景山新厂接修线杆图以及多幅北京地图、北京四郊地图等，有许多已成为我们今天研究当时地理历史的孤品，弥足珍贵。而今在国家图书馆收藏的许多珍贵近代照片资料中，有一部分鲜为人知的反映20世纪初以北京为主的照片资料，例如，北京的皇城、城门、城墙、牌楼、胡同、寺庙、名胜古迹，还有就是以民俗类居多的照片，都是普意雅先生拍摄和收藏的。

普意雅是一名天主教徒，但他的足迹几乎遍布了北京市郊所有的寺庙和道观。早在1906年他就绘制了戒台寺的平面图，其后又绘制了潭柘寺、大钟寺、西域寺、妙应寺、碧云寺、卧佛寺等寺院的平面图。同时，拍摄和收藏这些寺庙道观的照片也是普意雅的重点，其中还有许多现在已无存的寺庙照片，为我们研究中国宗教建筑留下了宝贵的图像资料。

1924年，普意雅所著的《北京及其附近》一书中，关于云居寺南塔有详细的描述，他认为"南塔与北塔相同，则此两塔必为同时之物云"。他不仅拍摄了云居寺的全景照片，还拍摄了很多南塔的照片，并测绘了相关数据。这些珍贵的资料已成为制定复建南塔方案的重要依据。①

普意雅于1927年辞去了平汉铁路总工程师的职务后，又于

---

① 云居寺南塔始建于公元1117年，1942年毁于侵华日军的炮火。2009年，南塔在云居寺原址复建，经过5年的施工终于2014年9月完成。这是我国首次复建古塔的尝试，因没有依据和图纸可循，只能根据1901～1923年时几张老照片，恢复成民国时期的样子。

1928 年绘制了京兆地方分县图、北平附近地图、新测实用北平都市全图等。1930 年 9 月，普意雅因病在北平逝世，享年 68 岁。对于普意雅先生的一生，我们知之甚少。所能查到的资料也是片言只语，其中有伯希和发表于《通报》上的一篇介绍普意雅的文章。伯希和提到，1898 年，普意雅和同事曾在长辛店遭到过义和团的攻击；而在"庚子之乱"北京各大使馆被围期间，普意雅曾为法国驻华使馆的解围作出了巨大贡献，因而被授予"法国荣誉军团勋章"。

1932 年 10 月，普意雅先生的夫人朱德容女士将普意雅先生的藏书和著作赠予了国立北平图书馆。国立北平图书馆为此举行了隆重的授书仪式。普意雅藏书约有 1500 多种，2100 多册。其中，普意雅个人著作有 20 多部，内容涉及北京及其周边地区的研究、中外语言发音方面的研究、对于中国铁路的研究、对法国名酒的介绍、对中国风俗习惯和宗教仪式的研究，以及对改良北京的生活环境、生态环境的建议等。普意雅先生所撰写的文章经常使用中法双语写作，其句法通顺，文笔流畅，层层论述，很有说服力。体现出普意雅先生在华 30 年的历练，其中也体现出朱德容女士在其身边的得力辅佐。

1933 年 3 月，国立北平图书馆还举办了普意雅所赠图书展示会，袁同礼、胡适、翁文灏、朱德容女士以及当时的法国驻华公使 300 多人出席了展示会。这是当时较为轰动的一件大事。而今，对于普意雅先生的研究很少，但普意雅先生对于中国尤其是北京地区的研究，学术价值极高。非常值得人们去揣摩，去探究。

四、成为天主教堂始末

日伪时期，法国维琪政权成为法西斯的同盟，由于知道朝内大街69号院落居住者有法籍背景，所以未被日本人占据。抗日战争胜利后，由于生活所迫，1946年，朱德容将院内的西楼一层出租给天主教奥斯汀修女会在此设立普德诊所（奥斯汀修女会施诊所在北京共有2处，另一处在西直门天主堂的东侧）。

也许是奥斯汀修女会的牵线搭桥，1948年5月5日，爱尔兰天主教味增爵会的司铎孔文德（译音）从爱尔兰筹措了一笔资金，数额大致相当于我国1955年之前的国币10亿元（通货膨胀时的货币），购置了朝内大街69号（老门牌）院，设立了天主堂。这座教堂为位于王府井的八面槽天主堂（又称东堂或圣若瑟堂，今天称为王府井教堂）下设的二分堂，称为朝阳门天主堂。这使东单区的天主堂由两座变成三座（在东单区另有位于东交民巷的圣弥厄尔堂）。据档案记载，其实这国币10亿元只够购置这座院落一半的价格，但孔文德与朱德容谈妥的条件是：从即日起提供朱德容生活的一切费用，直至她在这所院落里居住至死，并料理其死后的一切，而且要为她建堂，常年举办纪念弥撒。

1948年9月，爱尔兰天主教味增爵会派葛荣礼（Michael John Crowley）正式接替孔文德在这里任司铎。其经费由爱尔兰总遣使会汇入八面槽天主堂，但其人事调动、行政系统、教务领导归西什库总堂（枢机主教公署）。

葛荣礼，1900年5月27日出生在爱尔兰，高中毕业，知晓中文、法文及拉丁文。1926年12月2日来到北京任传教士。

档案记载，朝内大街69号成为天主堂后，其传教范围东至朝阳门外关东店，西到东四牌楼，北至东四五条，南至礼士胡同。日常宣讲天主教教义、天主十诫、圣教规则，并施行教内的一切圣事礼仪。

1950年6月，中国人宋维里奉上级（西什库堂枢机主教公署、法籍遣使会）之命，来到朝阳门天主堂任副堂。过了三四个月，枢机公署为照顾东堂（八面槽）生病的陆西满司铎，又将宋维里与陆西满调换。一年后，陆西满病体复原，便去天主教文声小学教书。

1951年3月20日，葛荣礼在朝阳门天主堂登记表最近工作情况一栏中填写道：准备过复活节，并鼓励教友坚固信德，上爱天主，下爱世人，爱天主教，爱祖国，且为表现爱教、爱国的真精神起带头作用，务使大众皆能进天国为宗旨。

1951年4月15日，朝阳门天主堂又更换张永善为本堂户主，成为此教堂首任本堂的中国人，葛荣礼则退居幕后。

张永善，1916年4月28日出生于河北武清，高中肄业，会说法语和拉丁语。而就在张永善任职不久，1951年6月10日，奉西什库教堂主教之命，张永善又被派到东交民巷弥厄尔教堂任本堂，接替他的是宋乐山。

宋乐山，1901年9月10日出生，大学毕业，曾在西什库堂任神甫，知晓法语、拉丁语。虽然从西什库堂到朝阳门堂就像是从大城市来到了一个小地方。可当他推开这座院落的大门，还是被这里的美景吸引住了。

这座院落大门面向朝内大街，门房在大门东侧。院落的南墙外由于有居民院落，所以东南角向内凹进。而南侧围墙更是向西南方向呈不规则的折反状态。西侧围墙由于是朝内大街斜街，所以呈向西北的弧形走向。北部围墙和东部围墙整齐，围墙外部是仁立地毯厂。

朝内大街81号东楼南侧

朝内大街81号东楼西侧

进入大门是占据院落前广场的花园，花园北侧为东楼。东楼东侧为花窖。东楼的东北角为教友居住及朱德容使用的瓦房。院落的西南角也有供教友居住的平房。进入东楼向西开的大门，右侧为会客室，其余的一层房间仍由朱德容使用。二层全部由神甫住用，三层为工友住用。

从东楼到西楼之间有过廊连接，西楼北侧有二层楼的诊疗室。西楼另有一个坐北朝南的大门，进入大门后有施诊所和药理室。西楼二层除诊室外全部为教友居住，三层是整个通开敞亮的圣堂。

尽管宋乐山对这里的环境感到很满意，可当时正值宗教界"三自革新"运动蓬勃开展之际，而"第一自"就是提倡要自主办教，即不靠国外。朝阳门堂随即声明与外国断绝经济关系，不再接受外国津贴，过去由东堂爱尔兰遣使会支取的费用遂告终止。住在朝阳门堂的爱尔兰传教士葛荣礼还未来得及与宋乐山熟悉就不得不匆忙回国。

破解朝内81号『鬼宅』之谜

171

五 朝内81号的命运

朝阳门天主堂的命运与当时社会的大环境密切关联。1951年7月,曾在朝阳门天主堂任副堂的宋维里因"公教青年报国团"事件被抓获。11月,宋乐山因积劳成疾住进了安康医院。接替他工作的是原辅仁天主教堂的神甫、精通法语和拉丁语、时年31岁的宋静山。

宋静山用公开宣讲的方式来对教友进行反帝爱国、"三自革新"运动的意义和必要性的教化。鉴于他出色的演讲能力,他的足迹踏遍了北京地区的各个天主堂及天主堂所辖的堂区。同时,北京市天主教会给了他一本《为和平而奋斗的公教司铎》的法文书籍,让他翻译成中文。

但与此同时,由于朝阳门天主堂的经济拮据,宋静山不得不辞去了教堂的工役和厨役,一人维持教堂的工作。过去教徒们及家属无偿地在教堂里居住,而此时,不得不让这些教徒们花钱租用，尽管如此，租金也难以维持教堂的运转。

鉴于堂内东楼二层还有一些空置房屋，1953年，煤矿总局文工团租用了这里的16间房，并以此为基础，将东北煤矿文工团与华北煤矿文工团合并，成立了中国煤矿文工团。不久团部迁入北京东郊区大黄庄。而租用教堂的房屋则成为中国煤矿文工团的家属宿舍。

到了1957年夏天，中国成立了天主教爱国会，走上了独立自主自办教会之路。年过七旬的朱德容眼看着院内院外早已是另一番天地，自己过去所有的繁华已成过往，最初外籍传教士的种种承诺肯定也已不能兑现，面对院里嘈杂的环境，她愈发感到心灰意冷。由于身体衰弱，朱德容请人帮忙从西四的妞妞房胡同找来了一位19岁的姑娘李文娴照料她的生活。

在朝阳门教堂这座院落里，一直到1960年之前，还有煤矿文工团的演职人员陆续从外地带着家属来到这里落户。而早已归于沉寂的朱德容，实在难以忍受嘈杂的环境，在未到有关部门进行消除户口的情况下，怀着复杂的心情悄然离开了这座院落，自此不知所踪。纵观她在这里的生活真可谓始于欢乐，终于忧患。她带着自己曾经有过的那些记忆，飘零他处，不免会让今天的人们感到怜悯与悲切。

1965年，在北京整顿地名和门牌号重新编排中，原朝内大街69号被改为81号。而此时这里已经变成名副其实的大杂院。

为落实国家的宗教政策，中央统战部、国家宗教局等部委联合下发文件，要求各单位腾退占用的宗教房产。1994年7月，经过多个部门的共同努力，北京市天主教爱国会办理了朝内大街81号的房屋所有权证。但是由于经济补偿问题，院中居民的腾退工作进展缓慢。

在 20 世纪 90 年代末，北京大拆大建的过程中，朝内大街 81 号周边也启动了拆迁工作，院中的居民陆续迁出，院里的房屋被腾空。而就在工人们对这两栋小楼开始实施拆除的时候，政府及时发现了这座院落属于教会财产的特殊性，拆除工作方被叫停。

朝阳门天主堂中国人的首任本堂张永善一直挂念着朝内大街 81 号的命运，的确，他对这里怀有一份常人所不能及的敏感与关切。2009 年，当他得知朝内大街 81 号被列为东城区文物保护单位，并被收录到《北京优秀建筑名录》后不久，在老家安然辞世，享年 93 岁。

时光荏苒，而当我们依据史料来还原发生在这座院落的故事时，仿佛看到院中主人公的梦想、生活以及所经历的沧桑历史。他们将自己的精魂折射在历史的载体里，镶嵌在这座都城丰富的历史建筑之中。

后记

　　在《京名片》系列丛书中，《院落北京》是让人能够感受到北京实际面貌的一本。北京最为人熟悉的就是胡同、四合院以及代表性的园林。由于历史的原因，辽南京、金中都几乎没有什么古都建筑保存下来。所以，北京城现有的城市布局始于元朝，历经明、清两朝，到民国再到中华人民共和国，经过几百年的变迁，形成了今天北京的风貌。应该说，北京城保留最完整的是以胡同及各条东西南北贯通的街巷为代表的城市布局。经过近几年的疏解整治，北京城的古都风貌在一定程度上得以恢复。

　　北京的院落大体分为三个层次：一是皇家建筑，气势磅礴、精美绝伦，是中国古代建筑的登峰之作；二是达官显贵的府邸，这些府邸虽不及皇家建筑那样气派，但同样是庭院深深，风景宜人；三是老百姓的四合院，从外面看，四合院给人以特有的神秘感，而你一旦走进去，其精巧的布局、和谐的氛围会立刻将你笼罩。北京城无论是哪种院落，都融入了人们追求福喜、祥和、平安的思想，并把这种思想体现在建筑的雕梁画栋、院中花草、屋内陈设等细节之中。

　　北京城有太多的故事，而这些故事大都发生在那些庭院之中。像那些已经开放的名人故居、各地会馆、寺庙、教堂、公园，不仅仅是建筑精美，其中包含的故事更是同样精彩。这本书只是选取了其中的几个代表性院落向大家介绍，希望对古都历史有兴趣的读者进一步发掘研究。

本书共有六个单元，我们请六位研究北京历史文化的专家学者撰写了文稿。他们的写作情况是：

王　彬：井田制与北京城；

李建平：北京老城、胡同与四合院；

谭烈飞：北京四合院的绿植；

马建农：北京琉璃厂文化街与文化名人轶事；

高大伟：北京公园忆往；

王兰顺：破解朝内81号"鬼宅"之谜。

甫玉龙
2018 年 12 月